SOBRE O LIVRE-ARBÍTRIO

Dados Internacionais de Catalogação na Publicação (CIP)
(Câmara Brasileira do Livro, SP, Brasil)

Agostinho, Santo, Bispo de Hipona, 354-430.
  Sobre o livre-arbítrio / Santo Agostinho ; tradução de Bernardo G. dos Santos L. Brandão. – Petrópolis, RJ : Vozes, 2021. – (Coleção Pensamento Humano)
  Título original: De libero arbitrio libri tres

  1ª reimpressão, 2024.

  ISBN 978-65-5713-390-3

  1. Livre-arbítrio e determinismo I. Título. II. Série.

21-76613   CDD-233.7

Índices para catálogo sistemático:
1. Livre-arbítrio : Ensino bíblico : Doutrina cristã 233.7

Cibele Maria Dias – Bibliotecária – CRB-8/9427

Santo Agostinho

SOBRE O LIVRE-ARBÍTRIO

Tradução de Bernardo Lins Brandão

Petrópolis

Tradução do original em latim intitulado *De Libero Arbitrio Libri Tres*

Traduzido a partir de S. Aurelii Augustini OPERA OMNIA – editio latina < Pl 32>

© desta tradução:
2021, Editora Vozes Ltda.
Rua Frei Luís, 100
25689-900 Petrópolis, RJ
www.vozes.com.br
Brasil

Todos os direitos reservados. Nenhuma parte desta obra poderá ser reproduzida ou transmitida por qualquer forma e/ou quaisquer meios (eletrônico ou mecânico, incluindo fotocópia e gravação) ou arquivada em qualquer sistema ou banco de dados sem permissão escrita da editora.

CONSELHO EDITORIAL

Diretor
Volney J. Berkenbrock

Editores
Aline dos Santos Carneiro
Edrian Josué Pasini
Marilac Loraine Oleniki
Welder Lancieri Marchini

Conselheiros
Elói Dionísio Piva
Francisco Morás
Gilberto Gonçalves Garcia
Ludovico Garmus
Teobaldo Heidemann

Secretário executivo
Leonardo A.R.T. dos Santos

PRODUÇÃO EDITORIAL

Aline L.R. de Barros
Marcelo Telles
Mirela de Oliveira
Otaviano M. Cunha
Rafael de Oliveira
Samuel Rezende
Vanessa Luz
Verônica M. Guedes

Conselho de projetos editoriais
Isabelle Theodora R.S. Martins
Luísa Ramos M. Lorenzi
Natália França
Priscilla A.F. Alves

Diagramação: Sheilandre Desenv. Gráfico
Revisão gráfica: Rúbia Campos Guimarães Cruz
Capa: Editora Vozes

ISBN 978-65-5713-390-3

Este livro foi composto e impresso pela Editora Vozes Ltda.

SUMÁRIO

LIVRO I
O PECADO PROVÉM DO LIVRE-ARBÍTRIO

Capítulo 1 – É Deus o autor do mal?, 9

Capítulo 2 – Antes de investigarmos a origem do mal, o que devemos crer acerca de Deus, 11

Capítulo 3 – A concupiscência é a causa do mal?, 13

Capítulo 4 – Objeção a respeito do homicídio cometido por medo: que a concupiscência é culpável, 15

Capítulo 5 – Outra objeção a partir da morte de um agressor, lícita segundo as leis humanas, 18

Capítulo 6 – A noção da lei eterna, moderadora das leis humanas, 20

Capítulo 7 – Como o homem está ordenado a um fim segundo a lei eterna e como esse fim manifesta que saber é melhor que meramente viver, 23

Capítulo 8 – A razão que faz o homem superior aos animais selvagens deve também prevalecer nele, 26

Capítulo 9 – A diferença entre o sábio e o tolo está no domínio ou servidão da mente, 27

Capítulo 10 – Por nada é forçada a mente a servir as paixões, 29

Capítulo 11 – A mente que de sua livre vontade serve à paixão desordenada é justamente punida, 30

Capítulo 12 – Os que servem às paixões desordenadas sofrem com justiça as penas desta vida mortal, ainda que nunca tenham sido sábios, 32

Capítulo 13 – Por nossa vontade vivemos uma vida feliz ou uma vida infeliz, 35

Capítulo 14 – Por que poucos chegam a ser felizes, se todos o querem?, 39

Capítulo 15 - Qual a extensão e quanto vale a lei eterna e a lei temporal, 40

Capítulo 16 - Epílogo dos capítulos anteriores, 44

LIVRO II
DE DEUS VEM O LIVRE-ARBÍTRIO

Capítulo 1 - Por que Deus nos deu a liberdade, pela qual se peca?, 47

Capítulo 2 - Objeção: Se o livre-arbítrio foi dado para o bem, como pode se voltar ao mal?, 49

Capítulo 3 - Para que se manifeste a existência de Deus, é preciso investigar o que é o mais elevado no homem, 52

Capítulo 4 - O sentido interior percebe o próprio sentir, mas distingue a si mesmo?, 58

Capítulo 5 - O sentido interior é superior aos sentidos exteriores, dos quais é moderador e juiz, 59

Capítulo 6 - A razão é superior a tudo mais que há no ser humano, e se há algo maior que ela, é Deus, 61

Capítulo 7 - Como uma mesma coisa é percebida por muitos e por cada um, na sua totalidade e em suas partes, 63

Capítulo 8 - Nenhum sentido corporal percebe a razão dos números e ela é una e imutável para cada inteligência que a percebe, 67

Capítulo 9 - O que é a sabedoria, sem a qual ninguém é feliz, e se ela é uma só em todos os sábios, 71

Capítulo 10 - Una é a luz da sabedoria e comum a todos os sábios, 75

Capítulo 11 - A sabedoria e o número são uma mesma coisa ou uma existe a partir da outra ou na outra?, 78

Capítulo 12 - A verdade é una e imutável em todos os seres e é superior à nossa mente, 81

Capítulo 13 - Exortação a abraçar a verdade que é a una que nos faz feliz, 83

Capítulo 14 - A verdade se possui com segurança, 85

Capítulo 15 - A existência de Deus é conhecida com certeza a partir do raciocínio explicitado, 87

Capítulo 16 - A sabedoria se mostra no caminho dos que a buscam com afinco através dos números impressos nas coisas, 89

Capítulo 17 - Todo bem e perfeição existem a partir de Deus, 92

Capítulo 18 - A vontade livre é um bem?, 94

Capítulo 19 - Bens grandes, mínimos e médios - A liberdade está no meio, 97

Capítulo 20 - O movimento pelo qual a vontade se aparta do bem imutável não procede de Deus, 100

LIVRO III
O LIVRE-ARBÍTRIO VEM DE DEUS COMO UM BEM AO SER HUMANO

Capítulo 1 - De onde vem o movimento pelo qual a vontade se aparta do bem imutável, 103

Capítulo 2 - Como a presciência de Deus não suprime a liberdade dos que pecam, questão que afeta a muitos, 107

Capítulo 3 - A presciência de Deus não faz com que deixemos de pecar pela vontade livre, 109

Capítulo 4 - A presciência de Deus não nos força a pecar e, por isso, pune justamente os pecados, 113

Capítulo 5 - Devemos louvar a Deus também pelas criaturas que pecaram e que são infelizes, 115

Capítulo 6 - Ninguém dirá com razão que prefere não ser a ser infeliz, 121

Capítulo 7 - O ser é amado também pelos infelizes, pois o receberam do sumo ser, 122

Capítulo 8 - Ninguém escolhe o não ser, nem aqueles que cometem suicídio, 124

Capítulo 9 - A miséria das almas pecadoras contribui para a perfeição do universo, 126

Capítulo 10 - Com que direito o diabo entrou em posse do homem e com que direito Deus o libertou, 131

Capítulo 11 - Permanecendo na justiça ou não, a criatura contribui à beleza do universo, 133

Capítulo 12 – O governo do universo não se perturbaria ainda que todos os anjos pecassem, 135

Capítulo 13 – A corrupção da criatura e a censura de seus vícios manifesta a bondade, 137

Capítulo 14 – Nem toda a corrupção é digna de censura, 139

Capítulo 15 – Os defeitos das criaturas nem sempre são culpáveis, 142

Capítulo 16 – Não podemos imputar a Deus os nossos pecados, 144

Capítulo 17 – A vontade é a primeira causa do pecado, 146

Capítulo 18 – Pode alguém pecar naquilo que não pode evitar?, 148

Capítulo 19 – A ignorância e a dificuldade transmitidas pelo pecado de Adão não justificam os pecados, 150

Capítulo 20 – Qualquer que seja a doutrina verdadeira acerca da origem das almas, não é injusto que as consequências do pecado de Adão tenham passado aos seus descendentes, 152

Capítulo 21 – Em que coisas o erro é pernicioso, 156

Capítulo 22 – Se a ignorância e a dificuldade são conaturais ao homem, não é por isso que se deve deixar de louvar ao criador, 160

Capítulo 23 – É injusta a queixa dos ignorantes acerca da morte dos pequenos e da dor que os aflige – o que é a dor, 162

Capítulo 24 – Deus não criou insensato o primeiro homem, mas capaz da sabedoria – o que é a estultícia, 166

Capítulo 25 – O que move a criatura racional a mudar sua intenção para o mal, 169

LIVRO I
O PECADO PROVÉM DO LIVRE-ARBÍTRIO

Capítulo 1
É Deus o autor do mal?

De onde vem o mal?

1.1 Evódio. Diga-me, eu peço, não seria Deus o autor do mal?

Agostinho. Digo, se você for claro a respeito de que mal me pergunta. Pois costumamos a falar em mal de dois modos: quando dizemos que alguém fez o mal ou quando sofreu algum mal.

Evódio. Desejo saber a respeito de ambos.

Agostinho. Se você sabe ou acredita que Deus é bom, e não é lícito que seja de outro modo, então Ele não faz o mal. Por outro lado, se confessamos que Deus é justo, pois negá-lo seria sacrilégio, assim como Ele recompensa os bons, também distribui punições aos maus. E, ao menos para aqueles que os sofrem, tais castigos são males. Por isso, se ninguém sofre punição injustamente, o que é necessário que acreditemos na medida em que acreditamos que a providência divina rege este mundo, Deus não é, de modo algum, autor do primeiro gênero de males, mas o é do segundo.

Evódio. E existe algum outro autor deste mal sobre o qual se descobriu que Deus não tem parte?

Agostinho. Certamente, pois o mal não pode ocorrer sem nenhum autor. Mas, se você pergunta quem é este autor, não é possível responder à pergunta, pois não se trata de uma pessoa em particular: quem quer que seja mau é o autor de suas más ações. E, se você duvida, considere o que foi dito antes, que as más ações são punidas pela justiça de Deus. Não seriam punidas de maneira justa se não procedessem da vontade.

Não aprendemos os males

1.2 EVÓDIO. Mas não sei se alguém peca sem antes ter aprendido a pecar. Se isso é verdade, pergunto: com quem aprendemos a pecar?

AGOSTINHO. Você julga que são boas as disciplinas?

EVÓDIO. Quem ousaria dizer que alguma disciplina é má?

AGOSTINHO. E se não fossem nem boas nem más?

EVÓDIO. Parecem-me ser boas.

AGOSTINHO. Tudo bem. E, já que através delas se transmite ou se desperta o conhecimento, ninguém aprende coisa alguma a não ser por meio de alguma disciplina. Ou você pensa de outra maneira?

EVÓDIO. Eu considero que, através das disciplinas, não aprendemos nada a não ser coisas boas.

AGOSTINHO. Considera então com cuidado: não podemos aprender coisas más, pois *disciplina* deriva de *aprender* (*discendo*).

EVÓDIO. De onde então vem que os males sejam feitos pelo homem se não os aprendemos?

AGOSTINHO. Talvez por nos afastarmos e nos tornarmos alheios às disciplinas, ou seja, ao aprender. Mas, seja por isso, seja por algum outro motivo, é certamente evidente que as disciplinas são um bem, que elas são ditas do aprender e que não é possível, de maneira alguma, que aprendamos coisas más.

Pois, se as aprendêssemos, elas estariam contidas nas disciplinas, que não seriam boas. Mas elas são boas, como você mesmo concede. Portanto, não aprendemos coisas más e é em vão que você me pergunta sobre quem nos ensina a fazer o mal. Ou melhor, se aprendemos coisas más, é antes para evitá-las, não para fazê-las. Fazer o mal não é outra coisa que se desviar do aprendizado.

A inteligência não é um mal

1.3 Evódio. Para ser exato, considero que existem dois tipos de disciplina: uma pelo qual aprendemos a fazer o bem e outra, a fazer o mal. Quando você me perguntou se as disciplinas são boas, o amor ao bem capturou de tal modo a minha atenção que me fixei na disciplina que ensina a fazer o bem e, por isso, respondi que é boa. Mas agora, reparo que existe uma outra, que, sem dúvida, confirmo ser má, da qual busco o autor.

Agostinho. Você não considera ao menos que compreender é uma coisa boa?

Evódio. Considero ser algo tão bom que não vejo o que no homem possa ser superior. E de maneira alguma diria que algum ato de compreensão possa ser mau.

Agostinho. O quê? Quando alguém não entende o que lhe foi ensinado, parece-lhe que ele aprendeu?

Evódio. Não, de maneira nenhuma.

Agostinho. Portanto, se toda a compreensão é boa e se quem não compreende não aprende, todo aquele que aprende faz algo bom. Pois, todo aquele que aprende compreende e todo aquele que compreende faz algo bom. Dessa forma, quem procura um "autor" de nosso aprendizado, certamente pergunta por alguém que nos ensinou a fazer algo bom. Por isso, desista de querer investigar não sei que mau mestre. Pois, se é mau, não é mestre e se é mestre, não é mau.

Capítulo 2
Antes de investigarmos a origem do mal, o que devemos crer acerca de Deus?

O que Agostinho pensava dos males

2.4 Evódio. Mas então, já que você me levou a admitir que não aprendemos a fazer o mal, diga-me: por que então o fazemos?

AGOSTINHO. Você levanta uma questão que muito me inquietou quando jovem, que me fatigou e me impeliu a cair entre os heréticos. De tal maneira fui atingido por essa queda e oprimido por tal multidão de fábulas vazias que, se não fosse o amor que tenho em encontrar a verdade a me obter o auxílio divino, não conseguiria ter escapado dali e respirado novamente aquela primeira liberdade de investigação. E, como isso aconteceu comigo com tal eficácia que me libertou dessa questão, vou lhe conduzir pelo mesmo caminho que segui para escapar. Que Deus esteja presente e nos faça entender aquilo em que acreditamos!

Estamos bem conscientes de nos mantermos no caminho prescrito pelo profeta, que diz: "a não ser que vocês acreditem, não entenderão". Pois acreditamos que todas as coisas que existem, a partir de um só Deus existem e que, entretanto, Deus não é o autor dos pecados. Isto perturba a alma: se os pecados vêm dessas almas que Deus criou e se essas almas vêm de Deus, em tão pequeno intervalo, como não referir a Deus os pecados?

Seguimos na fé Deus e a ordem

2.5 EVÓDIO. Você agora exprimiu com clareza aquilo que, quando reflito a respeito, tem me atormentado e que acabou por me forçar e me levar à esta discussão.

AGOSTINHO. Seja forte! E acredite no que você acredita, pois não há nada melhor para acreditar, ainda que esteja oculta a sua causa. Pois, considerar Deus como o que há de mais excelente é o verdadeiro início da piedade. Mas ninguém o considera o mais excelente se não acredita que Ele é onipotente e que não está sujeito à mudança, nem mesmo na menor de suas partes. E que é o criador de todos os bens, que ultrapassa a todos eles, que é o governante mais justo de todas as coisas que criou, e que não necessitou da ajuda de nenhuma natureza para criar – como se não bastasse a si mesmo.

De onde se segue que criou todas as coisas a partir do nada e, a partir de si mesmo, não criou, mas gerou Aquele que é igual a si, que dizemos ser o Filho Único de Deus. Ele que, quando tentamos enunciar mais claramente, chamamos de Virtude de Deus e Sabedoria de Deus, pelo qual Ele fez todas as coisas que foram feitas do nada. Posto isto, para que compreendamos aquilo você propõe, com a ajuda de Deus, que nos esforcemos da maneira que se segue.

CAPÍTULO 3
A CONCUPISCÊNCIA É A CAUSA DO MAL?

Por que o adultério é um mal?

3.6 AGOSTINHO. Você busca saber por que fazemos o mal. Para isso, devemos investigar antes o que é fazer o mal. Diga-me o que você pensa a respeito. Se não for possível explicar tudo em poucas palavras, ao menos enumere algumas más ações para que eu conheça a sua opinião.

EVÓDIO. Adultérios, homicídios e sacrilégios, para omitir outras coisas que não podem ser enumeradas por falta de tempo e memória, para quem essas coisas não parecem ser males?

AGOSTINHO. Diga-me primeiro: já que você considera o adultério uma má ação, por que a lei proibe que o cometamos?

EVÓDIO. Com certeza não é mau por ser proibido por lei, mas é proibido por lei por ser mau.

AGOSTINHO. O quê? Se alguém nos provocar, enfatizando os deleites do adultério, nos perguntando por que o julgamos ser mau e digno de condenação, o que diríamos? Você considera que irão se refugiar na autoridade da lei os homens que já não desejam apenas acreditar, mas também compreender?

Como você, eu também creio nisso, creio firmemente e a todos os povos e nações proclamo que é necessário crer que o adultério é um mal. Mas agora estamos nos esforçando para que, por meio de nossa inteligência, também conheçamos e estabeleçamos com firmeza aquilo que recebemos pela fé. Considere esta questão na medida do possível e me responda: como você sabe que o adultério é mau?

EVÓDIO. Sei que é mau porque eu mesmo não quero sofrê-lo da minha mulher. Pois, se alguém faz ao outro o que não quer que seja feito a si mesmo, certamente faz o mal.

AGOSTINHO. O quê? E se alguém tivesse as paixões de tal maneira desordenadas que oferecesse sua própria esposa a um outro homem e aceitasse de bom grado que ela fosse seduzida por ele, fazendo isso por desejar ter uma mesma liberdade com a esposa deste homem? Não lhe parece que estaria fazendo o mal?

EVÓDIO. Um grande mal.

AGOSTINHO. Mas ele não peca contra a sua regra, pois não faz aquilo que não quer sofrer. Você deve buscar outro motivo para me convencer de que o adultério é um mal.

Não o que é condenado pela lei...

3.7 EVÓDIO. Parece-me um mal porque vi muitas vezes homens serem condenados por tal crime.

AGOSTINHO. O quê? Não foram homens tantas vezes condenados por terem feito o que é certo? Examina a história e, para não lhe remeter a outros livros, veja a história que se distingue por sua autoridade divina. Você logo descobrirá como teríamos que pensar mal dos apóstolos e de todos os mártires se aceitarmos uma condenação como indício certo das más ações, já que todos eles foram julgados como dignos de condenação por causa de sua confissão da fé. Se tudo o que é condenado é mau, então era mau, naquele tempo, acreditar em Cristo e confessar a própria fé. Mas, se nem tudo o que é condenado é mau, busque alguma outra razão pela qual você possa enunciar que o adultério é mau.

EVÓDIO. Não sei o que lhe responder.

... mas o que vem da luxúria

3.8 AGOSTINHO. Talvez a paixão desordenada seja o mal no adultério, pois, como pode ver, você passava por dificuldades quando buscava o mal fora da própria ação. Para compreender que a paixão desordenada é o mal no adultério, considere isto: se um homem não tem a possibilidade de se deitar com a esposa de um outro, mas ainda assim for claro que, de algum modo, era esse o seu desejo e que, se tivesse a oportunidade, era o que faria, ele não teria menos culpa do que se fosse surpreendido no próprio ato.

Evódio. Nada é mais claro. Já vejo que não é necessário uma discussão longa para que eu seja persuadido a respeito do homicídio, do sacrilégio e, em suma, de todos os pecados. Pois já está evidente que nada além da paixão desordenada domina em todo gênero de más ações.

Capítulo 4
Objeção a respeito do homicídio cometido por medo: que a concupiscência é culpável

Da luxúria que também é cobiça...

4.9 Agostinho. Você também sabe que a paixão desordenada é chamada por outro nome, concupiscência?

Evódio. Sei.

Agostinho. E então? Existe alguma diferença entre ela e o medo? Ou você pensa de outra maneira?

Evódio. Ao contrário, julgo que estão muito distantes um do outro.

Agostinho. Acredito que você pensa assim porque, enquanto a concupiscência busca, o medo foge.

Evódio. É assim como você diz.

Agostinho. E se alguém matasse um homem, não pelo desejo de alcançar alguma coisa, mas por temer que lhe aconteça algum mal? Não seria ele um homicida?

Evódio. Certamente. Mas nem por isso esse ato deixaria de estar dominado pela concupiscência. Aquele que, por medo, mata um homem, deseja viver sem medo.

AGOSTINHO. E lhe parece que é um bem pequeno viver sem medo?

EVÓDIO. É um grande bem, mas de modo algum aquele homicida pode obtê-lo por meio de seu crime.

AGOSTINHO. Não busco saber o que ele pode obter, mas o que ele deseja. Com certeza, quem deseja uma vida livre de medo deseja um bem e, nesse sentido, tal desejo não é culpável, pois, se assim fosse, culparíamos todos os que amam o bem. Por isso, somos levados a admitir que existem homicídios nos quais não podemos encontrar o domínio daquela má concupiscência. Será falso, portanto, que em todos os pecados, para que sejam maus, a paixão desordenada domine. Ou então existiriam homicídios que poderiam não ser pecado.

EVÓDIO. Se homicídio é matar um homem, isso pode acontecer às vezes sem pecado. Com efeito, o soldado que mata o seu inimigo, o juiz ou seu agente que condenam um criminoso e aquele que, contra sua vontade e inadvertidamente, deixa escapar da mão a lança, não me parecem pecar.

AGOSTINHO. Concordo com você, mas não é costume chamá-los de homicidas. Responda-me então: você considera que aquele que mata seu senhor, do qual temia suplícios graves, está entre o número dos que matam um homem de maneira que não mereça o nome de homicida?

EVÓDIO. Vejo que esse caso é bem diferente. Pois aqueles outros se faziam pela lei ou, ao menos, não contra ela. Mas um crime desses, nenhuma lei aprova.

... origina-se o mal e o pecado

4.10 AGOSTINHO. Novamente você me remete à autoridade. Mas convém recordar o que agora estamos fazendo: buscamos entender aquilo em que acreditamos. Nós acreditamos nas leis. Portanto, devemos tentar entender, do modo como pudermos, se a lei que pune esse ato não o pune incorretamente.

Evódio. Não pune incorretamente, uma vez que condena aquele que, querendo e sabendo, mata o seu senhor, o que não acontece em nenhum dos casos anteriores.

Agostinho. Mas então? Não se lembra que há pouco você disse que em todas as más ações a paixão desordenada domina e que é por isso mesmo que elas são más?

Evódio. Lembro-me perfeitamente.

Agostinho. E então? Você também não havia admitido que aquele que deseja viver sem medo não possui má concupiscência?

Evódio. Também me recordo disso.

Agostinho. Quando, então, levado por esse tipo de concupiscência, o servo mata seu senhor, ele não o mata por causa de uma concupiscência culpável. Assim, ainda não descobrimos por que este crime é mau, pois estamos de acordo que todas as más ações são más por se fazerem pela paixão desordenada, isto é, por uma concupiscência reprovável.

Evódio. Agora me parece uma injustiça que ele seja condenado, o que não ousaria dizer se tivesse alguma outra coisa a dizer.

Agostinho. Será mesmo assim? Você se persuadiu de que convém que fique impune tão grande crime antes de considerar se aquele servo desejava viver sem medo de seu senhor para saciar suas paixões desordenadas? Pois desejar viver sem medo é próprio de todos, não apenas dos bons, mas dos também maus. Contudo, há esta diferença: os bons desejam isso afastando o amor por aquelas coisas que não podem possuir sem o perigo de serem perdidas. Os maus, pelo contrário, para desfrutar destas coisas com segurança, tentam remover os obstáculos. E, por isso, levam uma vida criminosa e vil, que melhor seria chamar de morte.

Evódio. Recobro minha percepção e muito me alegro em entender tão claramente o que é essa concupiscência culpável que é chamada de paixão desordenada, que se manifesta como o amor pelas coisas que alguém pode perder contra a própria vontade.

Capítulo 5
Outra objeção a partir da morte de um agressor, lícita segundo as leis humanas

É desprovido de arbítrio...

5.11 Evódio. Assim, continuemos. Investiguemos agora, caso lhe agrade, se também os sacrilégios, que vemos serem muitas vezes cometidos por superstição, também são dominados pela paixão desordenada.

Agostinho. Mas vejamos antes se não estamos nos precipitando. Pois me parece que devemos primeiro discutir se é possível matar o inimigo que ataca ou o assassino que prepara uma emboscada, sem paixão desordenada, mas por causa da vida, da liberdade ou da castidade.

Evódio. Como posso pensar que faltam paixões desordenadas a esses, se eles lutam por aquilo que podem perder contra a vontade? Pois, se não podem perdê-las, que necessidade há em chegar a matar um homem por isso?

Agostinho. Não será justa então a lei que dá ao viajante o poder de matar o ladrão para que não seja morto por ele? Ou aquela que confere a alguém, homem ou mulher, o poder de matar, caso seja possível, o estuprador que ataca antes que ele consume o estupro? Pois também ao militar a lei ordena que mate o inimigo e, se ele se abstém do assassinato, é castigado pelo general. Acaso ousaremos dizer que essas leis são injustas ou, mais ainda, que são nulas? Pois não me parece ser lei aquela que não é justa.

... o que mata injustamente o que arma ciladas

5.12 Evódio. A meu ver, está satisfatoriamente munida contra tal acusação a lei que, ao povo que governa, dá permissão a más ações menores para que não se cometam outras maiores. De fato, é muito mais aceitável que seja morto aquele que atenta contra vida alheia do que aquele que protege a sua própria. E é muito mais selvagem suportar um estupro contra a vontade do que matar aquele que tenta fazer isso.

E é verdade que o soldado, ao matar o inimigo, é executor da lei e, por isso, é fácil que cumpra seu dever sem paixões desordenadas. Além disso, a própria lei que foi dada para a defesa do povo não pode ser acusada de paixão desordenada, se quem a estabeleceu, estabelecendo-a por ordem de Deus, isto é, segundo o que prescreve a justiça eterna, pôde fazê-lo isento de toda a paixão desordenada.

Mas, mesmo que ele a tenha estabelecido estando sujeito a paixões desordenadas, não se segue disso que seja necessário obedecê-la se sujeitando também a essas paixões, pois uma boa lei pode ser instituída por quem não é bom. Por exemplo, se alguém, tendo obtido o poder tirânico, aceita ser subornado por um outro homem para que estabeleça que não é lícito a ninguém raptar a esposa de um marido, ainda assim a lei não será necessariamente má, mesmo que seja injusto e corrupto o homem que a instituiu.

É possível, portanto, obedecer sem paixões desordenadas àquela lei que, para proteger os cidadãos de uma força inimiga, manda repeli-la pela mesma força. O mesmo pode ser dito de todos os servidores que, por lei e hierarquia, estão sujeitos a um poder qualquer. Entretanto, ainda que a lei não tenha culpa, não vejo como esses homens dos quais estamos falando possam ser isentos de culpa. Pois a lei não os força a matar, apenas lhes dá esse poder. Eles são livres para não matar e, se o fazem, é em nome de tudo aquilo que podem perder contra a própria vontade e que, justamente por isso, não deveriam amar.

A respeito da vida, talvez alguém fique em dúvida: quando se mata o corpo, ela também se esvai, de alguma maneira, da alma? Pois, se esse é o caso, a morte deve ser desprezada. E, se não se esvai, nada devemos temer. Quanto à castidade, quem duvidaria realmente que se estabelece na própria alma, já que é uma virtude? Mas então, não pode ser arrebatada pela violência de um estuprador. Assim, tudo aquilo que alguém poderia nos arrebatar não está em nosso poder. Portanto, não compreendo de que modo pode ser considerado nosso. Por isso, não condeno a lei que permite matar tais pessoas, mas não encontro alguma maneira de defender aqueles que as matam.

Lei é o que por providência divina...

5.13 Agostinho. E eu sou ainda menos capaz de encontrar o motivo que o faz buscar a defesa desses que nenhuma lei tem como culpados.

Evódio. Talvez nenhuma daquelas leis que se manifestam exteriormente e são lidas pelos homens. Ignoro se são tidos como réus por alguma lei mais impetuosa e secreta, se nada há que a divina providência não administre. Pois, como eles estariam livres de pecado diante dela, se, por causa daquilo que convém desprezar, sujaram-se com o assassinato de homens?

Parece-me que a lei que foi escrita para reger o povo dá margem legítima a tal tipo de ações, mas também julgo que a divina providência as pune. Pois a lei temporal se encarrega dos castigos que são suficientes para manter a paz entre homens inexperientes, bem como de tudo o mais que pode ser governado pelo ser humano. Esse outro tipo de culpa, entretanto, tem outros castigos apropriados, dos quais me parece que só a sabedoria pode nos libertar.

Agostinho. Louvo e aprovo a sua distinção: ainda que seja incipiente e menos que perfeita, é confiável e se dirige a coisas sublimes. Parece-lhe que esta lei, que é instituída para o governo dos cidadãos, permite e deixa impune muitas coisas, as quais, entretanto, serão castigadas pela providência divina. E você está certo. Mas não é porque ela não realiza todas as coisas que o que ela realiza seja reprovável.

Capítulo 6
A noção da lei eterna, moderadora das leis humanas

... é mudado para os povos serem governados...

6.14 Agostinho. Examinemos então cuidadosamente, se você está de acordo, em que medida as más ações devem ser castigadas por meio da lei que, nesta vida, governa os povos. Depois, vejamos o que resta a ser punido, de maneira inevitável mas secreta, pela divina providência.

Evódio. É isso que desejo, se ao menos for possível chegar ao termo de tão grande questão. De fato, julgo-a infindável.

Agostinho. Ao contrário, recobre o ânimo e, confiando na prática da piedade, ingresse no caminho da razão. Pois não há nada tão árduo e difícil que, com a ajuda de Deus, não se torne o que há de mais claro e livre de obstáculos. Apoiando-se nele e implorando seu auxílio, investiguemos aquilo que nos propusemos. Mas, antes, responde-me: essa lei, que se promulga por escrito, é de auxílio aos homens que vivem esta vida terrena?

Evódio. Isso é claro. As cidades e os povos se formam precisamente desses homens.

Agostinho. Mas então? Esses homens e povos pertencem àquele gênero de coisas que não podem perecer ou se transformar e que são absolutamente eternas ou, ao contrário, são mutáveis e sujeitos ao tempo?

Evódio. Quem duvidará que são do gênero que é claramente mutável e sujeito ao tempo?

Agostinho. Portanto, se um povo é moderado e grave, guardião diligente do interesse comum, se nele cada um estima menos o que é privado do que o que é público, não seria uma lei corretamente instituída aquela que permitisse a tal povo criar seus magistrados, por meio dos quais seus assuntos, isto é, os assuntos públicos, fossem administrados?

Evódio. Com certeza seria ela instituída corretamente.

Agostinho. Por outro lado, se com o passar do tempo, esse povo se tornasse depravado, preferindo as coisas privadas às públicas, se suas eleições fossem compradas e corrompidas por aqueles que amam os cargos, e se confiassem o governo a homens dissolutos e desonrados, não seria também justo se um homem bom, bastante poderoso, se sobressaísse, tirando do povo o poder de conferir cargos e depositando tal autoridade em alguns poucos homens bons ou mesmo talvez em um apenas um?

Evódio. Também isso seria correto.

Agostinho. Portanto, como essas duas leis parecem ser contrárias uma à outra, já que uma delas dá ao povo o poder de conferir cargos e a outra o retira, e como a segunda é instituída de tal maneira que não podem existir ambas simultaneamente em uma cidade, podemos dizer que uma delas é injusta e que não deveria ter sido instituída?

Evódio. De maneira nenhuma.

Agostinho. Dessa forma, chamemos, se lhe agrada, de temporal esta lei que, ainda que seja justa, pode ser modificada de modo justo com o tempo.

Evódio. Assim a chamemos.

... pela lei imutável

6.15 Agostinho. Mas então? E aquela lei, a qual chamamos de razão suprema, que deve-se obedecer sempre, pela qual os maus merecem uma vida infeliz e os bons uma vida feliz, pela qual, por fim, aquela lei que dissemos se chamar temporal é instituída corretamente e corretamente é mudada, poderá alguma pessoa inteligente deixar de ver que é imutável e eterna? Ou pode algumas vezes ser injusto que os maus sejam infelizes e os bons felizes? Ou que o próprio povo, se modesto e grave, possa eleger seus magistrados, mas, se dissoluto e vil, não tenha essa liberdade?

Evódio. Vejo que essa é a lei eterna e imutável.

Agostinho. Ao mesmo tempo, considero que você também vê que, naquela lei temporal, não há nada de justo e legítimo que os homens não tenham derivado da lei eterna. Com efeito, se em um certo momento, aquele povo podia, com justiça, conferir cargos e em um outro momento, também com justiça, não o podia, essa vicissitude temporal, para que seja justa, derivou-se daquela eternidade pela qual é sempre justo que um povo grave confira cargos e que o leviano não os confira. Ou lhe parece ser de outro modo?

Evódio. Estou de acordo.

AGOSTINHO. Dessa forma, para que, o quanto for possível, eu explicite brevemente em palavras a noção de lei eterna que está impressa em nós, direi que ela é aquela pela qual é justo que todas as coisas estejam maximamente ordenadas. Se você pensa de outra maneira, diga-me.

EVÓDIO. O que você disse é verdadeiro, não tenho como contradizer.

AGOSTINHO. Portanto, como ela é uma lei única, pela qual todas as leis temporais variam para reger os homens, poderá ela mesma variar de algum modo?

EVÓDIO. Compreendo que não pode se alterar de maneira nenhuma. Pois nenhuma força, nenhum acontecimento, nenhuma destruição de coisa alguma fará com que o justo não seja que todas as coisas estejam maximamente ordenadas.

CAPÍTULO 7
COMO O HOMEM ESTÁ ORDENADO A UM FIM SEGUNDO A LEI ETERNA E COMO ESSE FIM MANIFESTA QUE SABER É MELHOR QUE MERAMENTE VIVER

Uma coisa é viver, outra coisa é saber que se vive

7.16 AGOSTINHO. Continuemos agora e vejamos como o próprio homem pode estar, em si mesmo, maximamente ordenado. Com efeito, um povo se forma de homens unidos por uma só lei que é, como foi dito, a lei temporal. Mas me diga: você está completamente certo de que vive?

EVÓDIO. De fato, o que responderia ser mais certo do que isso?

AGOSTINHO. O quê? Você pode distinguir que uma coisa é viver e outra é saber que se vive?

EVÓDIO. Sei com certeza que ninguém tem o conhecimento de que vive a não ser que viva, mas, se todo aquele que vive sabe que vive, isso ignoro.

AGOSTINHO. Como eu gostaria que você não apenas acreditasse, mas entendesse que os animais carecem de razão! Nossa discussão, então, poderia passar rapidamente por esta questão. Mas, ao dizer não que não sabe, provoca uma longa exposição. Pois a situação é tal que, se a omitimos, não poderemos avançar à finalidade que nos propusemos com o rigor racional que entendo ser necessário.

Dessa maneira, diga-me: já vimos muitas vezes animais selvagens domados pelos homens. Não apenas o corpo do animal, mas também a sua alma vemos ser de tal forma subjugada pelo homem que ele obedece à sua vontade por uma espécie de instinto e hábito. Mas lhe parece, de algum modo, que um animal selvagem qualquer, terrível por causa de sua ferocidade, corpo ou por um certo sentido aguçado, pode subjugar um homem da mesma maneira, já que muitos deles são capazes de nos matar, pela força ou furtivamente?

EVÓDIO. Não penso que isso possa acontecer de maneira alguma.

AGOSTINHO. Muito bem. Mas me diga: já que é evidente que o homem é facilmente superado por muitos animais selvagens, seja em força ou em outras habilidades corporais, o que faz com que o ele se sobressaia, de modo que nenhum dos animais possa dominá-lo, sendo que, por sua vez, ele pode dominar muitos deles? Talvez seja aquilo que se costuma chamar de razão ou inteligência?

EVÓDIO. Não encontro outra coisa, já que se encontra na alma aquilo pelo qual somos superiores aos animais. Se eles fossem inanimados, diria que somos superiores a eles por termos alma. Mas, como eles são também seres dotados de alma, aquilo que não está na alma deles faz com que se submetam a nós, e por outro lado, estando presente nas nossas, faz com que sejamos melhores que eles. Isso não me parece ser um nada, nem coisa pequena. Que outro nome mais correto que o de razão poderia ser dado?

AGOSTINHO. Veja como é facil, com a ajuda de Deus, o que os homens consideram o mais difícil. De fato, confesso a você, que julgava que esta questão, que entendo estar resolvida, talvez nos detivesse por tanto tempo quanto tudo o que foi dito desde o início de nossa discussão. Por isso, aceita já o modo como o raciocínio se desenvolverá: com efeito, creio que você não ignora que aquilo que chamamos *conhecer* nada mais é que perceber pela razão.

Evódio. Assim é.

Agostinho. Portanto, quem sabe que vive não carece de razão.

Evódio. É a consequência.

Agostinho. Mas os animais selvagens vivem e, assim como já se tornou evidente, não têm parte na razão.

Evódio. É manifesto.

Agostinho. Eis, portanto, que você já sabe o que tinha dito ignorar: que nem todo aquele que vive sabe que vive, ainda que todo aquele que sabe que vive necessariamente viva.

A vida é superior à ciência...

7.17 Evódio. Já não estou em dúvida. Prossiga no que havia sido proposto. Já aprendi suficientemente bem que uma coisa é viver e outra é saber que se vive.

Agostinho. E qual destas duas parece a você ser mais excelente?

Evódio. Qual você julga, a não ser o conhecimento da vida?

Agostinho. Parece-lhe que é melhor o conhecimento da vida que a própria vida? Ou talvez você entenda que o conhecimento é uma vida superior e mais sincera, pois ninguém pode conhecer a não ser que compreenda? E o que é compreender a não ser viver uma vida mais distinta e mais perfeita pela própria luz da mente? Pois, se não me engano, você não considerou alguma outra coisa qualquer superior à vida, mas que uma vida melhor é superior a uma vida qualquer.

Evódio. Você compreendeu e explicou meu pensamento de maneira excelente, se é verdade que o conhecimento nunca pode ser mau.

Agostinho. Penso que não, de maneira nenhuma, a não ser que, tomando uma palavra pela outra, coloquemos *conhecimento* no lugar de *experiência*. Pois experimentar nem sempre é um bem, como, por exemplo, experimentar suplícios. Mas, de fato, aquilo que própria e puramente chamamos de *conhecimento*, que se prepara por meio da razão e da inteligência, como poderia ser mau?

Capítulo 8
A razão que faz o homem superior aos animais selvagens deve também prevalecer nele

É a mente que deve ter o domínio

8.18 Agostinho. Isto é o que quero dizer: seja o que for aquilo que faz com que o homem se sobreponha aos animais, chamem-no de mente ou espírito ou ainda, mais corretamente, por ambos os nomes (pois encontramos ambos nas Sagradas Escrituras), se isto domina e governa todo o resto, então o homem está maximamente ordenado.

De fato, vemos que temos muito em comum não apenas com os animais, mas também com as árvores e as plantas. Vemos que o alimento para o corpo crescer, reproduzir, adquirir vigor, tudo isto deve ser atribuído a elas, que possuem uma certa vida inferior. Além disso, percebemos e temos que confessar que também os animais selvagens podem ver, ouvir e, pelo olfato, paladar e tato, sentir, muitas vezes de maneira mais aguçada que nós. Considere ainda a força, o vigor, a firmeza dos membros, a rapidez e facilidade dos movimentos do corpo: nestas coisas, superamos alguns dos animais, nos igualamos a outros e somos vencidos por ainda outros. É manifesto que temos esse tipo de coisas em comum com os animais, ainda que a vida animal se reduza a buscar os prazeres corpóreos e evitar o que lhes causa desconforto.

Existem certas ações que, ainda que não pareçam ser próprias dos animais, não são, contudo, as mais elevadas do homem, como gracejar e rir. São atos humanos, mas quem quer que julgue a natureza humana da maneira mais correta, os julgará como menos importantes. Depois deles, vêm o amor pelo louvor e pela glória, bem como o desejo de dominar: ainda que essas coisas não sejam próprias dos animais brutos, não devemos, entretanto, considerar que somos melhores que eles pelo desejo desordenado por essas coisas. De fato, tais apetites, quando não estão subordinados à razão, nos fazem infelizes, e ninguém consideraria que nos sobrepomos a outros seres por nossa infelicidade. Mas, quando a razão domina esses movimentos da alma, diz-se que o homem está ordenado. Pois não se pode absolutamente falar em ordem reta, nem mesmo em ordem, onde o melhor está subordinado ao pior. Ou não lhe parece ser assim?

Evódio. É manifesto.

Agostinho. Portanto, quando esta razão, mente ou espírito, rege os movimentos irracionais da alma, então domina no homem aquilo que deve dominar, segundo o que é prescrito por aquela lei que descobrimos ser eterna.

Evódio. Compreendo seu raciocínio e o sigo.

Capítulo 9
A diferença entre o sábio e o tolo está no domínio ou servidão da mente

Não é em todo lugar que a mente domina...

9.19 Agostinho. Dessa forma, quando o homem está assim constituído e ordenado, não lhe parece que é sábio?

Evódio. Não sei que outro homem me poderia parecer sábio se não este.

Agostinho. Acredito que você também saiba que existem muitos homens tolos.

Evódio. Também aqui estamos de acordo.

Agostinho. Mas se o tolo é o contrário do sábio, como descobrimos quem é o sábio, com certeza também já podemos compreender quem é o tolo.

Evódio. E a quem não é claro que ele é aquele no qual a mente não exerce o poder supremo?

Agostinho. Mas o que deve se dizer quando encontramos um homem assim? Que lhe falta a mente ou que ainda que a tenha, falta-lhe o seu domínio?

Evódio. O que você disse por último.

Agostinho. Gostaria muito de ouvir quais são as provas nas quais você se baseia para dizer que existe uma mente no homem no qual ela não exerce a soberania.

Evódio. Quem me dera fosse você a dá-las, pois não me é fácil defender essa posição.

Agostinho. Ao menos lhe será fácil recordar o que dissemos há pouco: que tal como os animais brutos, quando domesticados e domados, servem aos homens, os homens, como demonstrou o raciocínio, se não fossem melhores que os animais em algo, sofreriam o mesmo. Mas não encontrávamos esta superioridade no corpo e, já que ela se manifestava na alma, não descobrimos outra maneira de chamá-la a não ser *razão*. Depois, recordamos que também é chamado de *mente* e *espírito*. Mas, se uma coisa é a razão e a outra é a mente, certamente estamos de acordo que apenas a mente pode utilizar a razão. E daí se segue que aquele que é dotado de razão não pode carecer de mente.

Evódio. Recordo-me bem disso e mantenho minha posição.

Agostinho. Mas então? Você acredita que os domadores de animais selvagens não podem deixar de ser sábios? Com efeito, chamo de sábios aqueles que a verdade manda assim chamar, isto é, aqueles que pelo reino da mente, tendo subjugado toda a paixão desordenada, alcançaram a paz.

Evódio. É ridículo pensar tal coisa desses homens que vulgarmente são conhecidos por sua ocupação de domadores: pastores, boiadeiros e aurigas, aos quais vemos submetidos os animais domésticos e que, com sua habilidade, submetem os animais selvagens.

Agostinho. Temos, portanto, uma prova certa de que é evidente que a mente existe no homem, ainda que não o governe. Pois ela claramente se encontra nestes homens: pois eles fazem coisas tais que sem a mente não poderiam ser feitas. Mas ela não reina neles, pois são tolos. E é bem sabido que o reino da mente não existe a não ser nos sábios.

Evódio. É admirável que, ainda que tivéssemos discutido isso antes, eu não tenha descoberto em minha mente como lhe responder.

Capítulo 10
Por nada é forçada a mente a servir as paixões

... mas só no sábio...

10.20 Evódio. Mas passemos a outras coisas. Já se descobriu que a sabedoria humana é o reino da mente, mas que a mente pode não reinar.

Agostinho. Você considera que as paixões desordenadas são mais poderosas que a mente, ainda que a lei eterna lhe tenha concedido reinar sobre elas? Não penso assim de modo algum. Não seria a máxima, pois o mais fraco dominaria o mais forte. Portanto, julgo ser necessário que a mente seja mais poderosa que a concupiscência, precisamente porque ela a domina de maneira reta e justa.

Evódio. Eu também penso assim.

Agostinho. Mas então? Duvidaremos que toda a virtude se antepõe a todo vício, de maneira que a virtude, quanto melhor e mais sublime for, tanto mais firme e invencível também será?

Evódio. E quem duvidará disso?

Agostinho. Assim, nenhuma alma viciosa supera a alma armada da virtude.

Evódio. Isso é o que há de mais verdadeiro.

Agostinho. E não penso que você haverá de negar que qualquer alma é melhor e mais poderosa que qualquer corpo.

EVÓDIO. Ninguém que veja, o que é fácil, que se deve preferir uma substância que vive a uma que não vive e uma que dá a vida à uma que a recebe, pode negá-lo.

AGOSTINHO. Muito menos um corpo, qualquer que seja, vencerá uma alma que possua a virtude.

EVÓDIO. Isto é o mais evidente.

AGOSTINHO. E então? Uma alma justa e uma mente que guarda seu direito próprio e seu reino poderia derrubar de sua fortaleza uma outra mente, na qual reina de igual maneira a equidade e a virtude, e subjugá-la pela paixão desordenada?

EVÓDIO. De maneira alguma. Não somente porque em ambas existe a mesma excelência, mas também porque romperia com a justiça anterior e se tornaria viciosa a mente que tentasse fazer isso com outra. E, por isso mesmo, ela se tornaria mais fraca.

Que deve ter justiça e virtude

10.21 AGOSTINHO. Você compreendeu bem. Por isso, resta que você me responda, se é capaz, se lhe parece existir algo mais excelente que a mente racional e sábia.

EVÓDIO. Penso que não existe nada a não ser Deus.

AGOSTINHO. Também essa é a minha opinião. Mas esse é um tema árduo e agora não é o momento oportuno de investigá-lo de modo que possamos compreendê-lo, ainda que mantenhamos firme essa crença pela fé. Deveremos tratar de maneira completa essa questão, diligente e cautelosamente.

CAPÍTULO 11
A MENTE QUE DE SUA LIVRE VONTADE SERVE À PAIXÃO DESORDENADA É JUSTAMENTE PUNIDA

Se, portanto, o arbítrio domina

11.21 AGOSTINHO. Mas, neste momento, se formos piedosos, sabemos ao menos que, qualquer que seja essa natureza superior à mente na qual prevalece a virtude, sabemos ao menos que ela não pode ser injusta de modo algum. Assim, ainda que tenha poder para isso, ela não forçará a mente a servir às paixões desordenadas.

Evódio. Certamente não há ninguém que hesitará em admitir isso.

Agostinho. Mas então, o que quer que seja igual ou superior à mente que governa e que participa da virtude, por sua justica, não a fará escrava da paixão desordenada. Do mesmo modo, o que quer que lhe seja inferior, por sua fraqueza, não o poderá fazê-lo. Resta-nos então afirmar que nada faz a mente cúmplice da concupiscência a não ser sua própria vontade e seu livre-arbítrio.

Evódio. Não vejo nenhuma outra conclusão se seguir tão necessariamente.

... a culpada é a vontade

11.22 Agostinho. E também se segue, como você verá, que ela sofrerá com justiça a punição por um pecado tão grande.

Evódio. Não o posso negar.

Agostinho. E agora? Deveríamos considerar pequena esta punição: que a paixão desordenada domine a mente? E então, expoliada das riquezas da virtude, infeliz e indigente, é arrastada para as direções mais diversas: eis que agora, ela aprova o falso em vez do verdadeiro; agora, defende-o; agora, desaprova o que antes aprovava, mas, não obstante, precipita-se em direção a outras falsidades; agora, suspende suas asserções e, temendo, muitas vezes os raciocínios claros, desespera-se agora de toda a descoberta da verdade, assumindo completamente as trevas da estultícia; agora, sob a luz, tenta compreender, mas cai novamente por fadiga.

Enquanto isso, aquele reino da concupiscência, tiranicamente cruel, por meio de tempestades diversas e contrárias, perturba a alma toda e a vida do homem: aqui com o temor, ali com o desejo; aqui com a ansiedade e ali com alegrias falsas e vãs; aqui com o tormento por perder aquilo que amava, ali com o ardor de alcançar o que não possui; aqui com as dores pela injúria recebida, ali com o desejo de vingança. Para onde quer que vá, a avareza a compele, a luxúria a dissipa, a ambição a escraviza, a soberba a infla, a inveja a atormenta, a inação a sepulta, a obstinação a incita, a submissão a aflige. E ainda outros inumeráveis males frequentam e inquietam o reino da paixão desordenada. Poderíamos considerar como um nada esse castigo, que, como você vê, sofrem necessariamente todos aqueles que não aderem à sabedoria?

Será que nunca fomos sábios?

11.23 Evódio. Julgo que esse é um grande castigo, mas absolutamente justo para alguém que, estabelecido nas alturas sublimes da sabedoria, desce dali e se põe a servir a paixão desordenada. Mas não é certo que possa existir alguém que queira ou tenha querido fazer isso. Com efeito, acreditamos que o homem foi formado por Deus de uma maneira perfeita e que tenha sido estabelecido em uma vida feliz, tendo caído nas tribulações da vida mortal por sua própria vontade. Contudo, ainda que eu mantenha isso por uma fé firme, não alcancei ainda a compreensão adequada do assunto. E se, no presente momento, você considera que a inquisição diligente a esse respeito deve ser adiada, faz isso a meu contragosto.

Capítulo 12
Os que servem às paixões desordenadas sofrem com justiça as penas desta vida mortal, ainda que nunca tenham sido sábios

A vontade está em nós

12.24 Evódio. Na verdade, isto é o que mais me perturba: como se pode dizer que sofremos castigos tão rigorosos merecidamente, por termos abandonado a fortaleza da virtude e escolhido a servidão das paixões desordenadas, se somos certamente tolos e se nunca fomos sábios? Se você estiver aberto a discutir a questão, caso seja possível, de modo algum permitirei que ela seja adiada.

Agostinho. Você fala como se tivesse descoberto que claramente nunca fomos sábios, mas você tem em conta apenas o tempo desde o qual nascemos para esta vida. Já que a sabedoria está na alma, se antes de sua relação com o corpo ela viveu algum outro tipo de vida e se, em algum momento, ela a viveu sabiamente, esta é uma grande questão, um grande mistério, que deverá ser considerado em seu lugar próprio. Contudo, isso não pode nos impedir de acolher, ao menos como é possível, a questão que agora temos nas mãos.

A vontade é um bem para si

12.25 Agostinho. Então lhe pergunto: existe em nós alguma vontade?

Evódio. Não sei.

Agostinho. Mas você gostaria de saber?

Evódio. Também não sei.

Agostinho. Então não me pergunte mais nada.

Evódio. Por quê?

Agostinho. Porque não devo lhe responder a não ser que você queira saber o que pergunta. E, a não ser que você queira alcançar a sabedoria, não devo ter com você uma conversa dessas. Por fim, você não pode ser meu amigo a não ser que queira o meu bem. Quanto a você, é você mesmo que deve saber se não possui nenhuma vontade de ter uma vida feliz.

Evódio. Eu confesso: não é possível negar que existe em nós a vontade. Continue, vejamos o que você conclui daí.

Agostinho Farei isso, mas me diga antes, se você percebe que tem uma boa vontade.

Evódio. O que é uma boa vontade?

Agostinho. A vontade pela qual desejamos viver reta e honestamente, e alcançar a suma sabedoria. Agora, veja bem se você não deseja uma vida reta e honesta ou se não quer veementemente ser sábio. Ou você ousa negar com convicção que, quando desejamos essas coisas, temos uma boa vontade?

Evódio. Não nego nada disso e, assim, confesso não apenas que tenho vontade, mas também uma boa vontade.

Agostinho. Mas lhe pergunto: quanto você valoriza essa vontade? Você pensa que ela pode, de algum modo, ser comparada às riquezas, honras, prazeres do corpo ou ainda todas essas coisas juntas?

Evódio. Deus me livre de tal demência abominável.

Agostinho. Assim, não deveríamos nos alegrar um pouco por termos isto em nossa alma, a boa vontade, em comparação com a qual as coisas dais quais nos lembramos, essas coisas que, para serem alcançadas, vemos a multidão dos homens não recusar nenhum trabalho ou perigo, são as mais abjetas?

Evódio. De fato, devemos nos alegrar e muito.

Agostinho. Mas então? Aqueles que não desfrutam dessa alegria, você os considera sofrer um prejuízo pequeno, sendo privados de um bem tão grande?

Evódio. Ao contrário, um máximo prejuízo.

A vontade é o único bem verdadeiro

12.26 Agostinho. Você então vê que está em nossa vontade desfrutarmos ou careçermos de um bem tão grande e verdadeiro. Com efeito, o que está mais situado na vontade que a própria vontade? Quem tem boa vontade, certamente possui algo que deve ser preferido, de longe, a todos os reinos da terra e todos os prazeres do corpo. E quem não a tem, sem dúvida, carece daquilo que é superior a todos os bens que não estão em nosso poder. Mas esse bem, só a vontade, por si mesma, pode nos dar.

Alguém pode julgar a si mesmo como o maior dos infelizes por ter perdido uma fama gloriosa, grandes riquezas ou quaisquer bens do corpo. Mas você não considera que é ainda mais infeliz aquele que, mesmo tendo em abundância todas essas coisas que se podem perder com facilidade, a elas se apega, ainda que não as possa ter quando quiser, e carece de boa vontade? Com efeito, ela não pode ser comparada com bens como esses e é tão admirável que é somente necessário querê-la para possuí-la.

Evódio. Isso é bem verdadeiro.

Agostinho. Portanto, é com justiça e merecidamente que homens tolos, ainda que nunca tenham sido sábios (o que é duvidoso e obscuro), sejam afligidos por tamanha miséria.

Evódio. Concordo com você.

Capítulo 13
Por nossa vontade vivemos uma vida feliz ou uma vida infeliz

No poder da vontade estão as virtudes

13.27 Agostinho. Considere agora se lhe parece que a prudência é o conhecimento a respeito do que se deve desejar ou evitar.

Evódio. Assim me parece.

Agostinho. E então? A fortaleza não é aquela disposição da alma pela qual desprezamos todos os incômodos e a perda das coisas que não foram colocadas sob nosso poder?

Evódio. Assim penso.

Agostinho. Por outro lado, a temperança é a disposição que restringe e confina o apetite pelas coisas que são desejadas de modo torpe. Ou você considera ser de outro modo?

Evódio. Pelo contrário, entendo que é assim como você diz.

Agostinho. Quanto à justiça, o que diremos que ela é a não ser a virtude pela qual atribuímos a cada um o que é seu?

Evódio. Não há nenhuma outra noção de justiça para mim.

Agostinho. Portanto, quem quer que tenha uma boa vontade, de cuja excelência longamente falamos, abraça com amor a ela somente, pois não possui nada que seja melhor. Com ela se deleita e nela se regozija e se alegra, considerando-a e julgando-a valiosa, pois não pode ser arrebatada ou roubada contra sua vontade. Podemos duvidar que ele se tornará inimigo de todas as coisas que se colocam contra esse único bem?

Evódio. É absolutamente necessário que se torne inimigo dessas coisas.

Agostinho. E pensaremos que não possui prudência alguma quem percebe que devemos desejar uma vontade assim e evitar tudo aquilo que se põe contra ela?

Evódio. Não me parece que seja possível pensar assim sem a prudência.

Agostinho. Está certo. Mas por que não lhe atribuímos também a fortaleza? Pois, de fato, ele não pode amar ou estimar como valioso aquilo que não está em nosso poder. Tais coisas são amadas por uma vontade má, contra a qual é necessário que ele resista, já que é oposta a seu caríssimo bem. E, como não as ama, não sofre quando as perde, desprezando-as absolutamente. Mas é necessário que tudo isso seja dito a respeito da fortaleza e a ela atribuído.

Evódio. Atribuamos a ele a fortaleza. Pois não sei quem mais verdadeiramente poderia ser chamado forte que aquele que, no que diz respeito às coisas cuja possibilidade de alcançar ou manter não está em nós, delas se despoja com a alma equânime e tranquila. E isso é o que descobrimos ser necessário que ele faça.

Agostinho. Veja agora se ele pode se ser alheio à temperança, já que esta é a virtude que coíbe a paixão desordenada. O que seria tão contrário à boa vontade quanto as paixões desordenadas? Portanto, você certamente entenderá que aquele que ama sua boa vontade se opõe e resiste de todo modo a essas paixões e, por isso, com justiça, é chamado de temperante.

Evódio. Continue, estou de acordo.

Agostinho. Resta a justiça, que, certamente, não vejo como pode faltar a esse homem. Pois, quem possui e ama a boa vontade, se opondo à essas coisas que, como foi dito, são opostas a ela, não pode desejar o mal a ninguém. Segue-se então que não cometerá injúria contra ninguém. Mas isso é possível somente para quem dá a cada um o que lhe é próprio. E você se lembra que, quando eu disse que isto era próprio da justiça, você havia aprovado.

Evódio. Certamente me lembro e admito que, nesse homem, que tanto valoriza e ama sua boa vontade, foram descobertas todas as quatro virtudes descritas há pouco por você, no que eu consenti.

... feliz...

13.28 Agostinho. E o que nos impede de admitir que tal vida é louvável?

Evódio. Nada, na verdade. Ao contrário, tudo nos exorta e nos leva a isso.

Agostinho. Mas então? Você julga que devemos fugir de uma vida infeliz?

Evódio. Penso enfaticamente que sim. De fato, considero que nada mais deva ser feito.

Agostinho. E você certamente não julga que devemos fugir de uma vida louvável.

Evódio. Não. Ao contrário, acredito que devemos buscá-la com diligência.

Agostinho. Portanto, não é infeliz a vida que é digna de louvor.

Evódio. Isso certamente é o que se conclui.

Agostinho. Nada falta, ao que me parece, para que você admita que precisamente aquela vida que é feliz não é miserável.

Evódio. Isso me é absolutamente manifesto.

Agostinho. Portanto, você admite que é feliz o homem que ama a sua boa vontade e, em comparação com ela, despreza todas as coisas que se diz serem bens, tudo aquilo que podemos perder apesar da vontade que temos de conservar.

Evódio. Como não aceitaria o que necessariamente se segue do que admitimos anteriormente?

AGOSTINHO. Você entendeu bem. Mas me diga, eu peço: amar a própria boa vontade e considerá-la tão valiosa como dizíamos ser, também isto não é boa vontade?

EVÓDIO. Você fala a verdade.

AGOSTINHO. Mas, se julgamos acertadamente que quem a tem é feliz, não seria miserável quem possui a vontade contrária?

EVÓDIO. Você está absolutamente certo.

AGOSTINHO. Por que então duvidamos que é por nossa boa vontade que merecemos uma vida digna de louvor e feliz, mesmo que nunca tenhamos sido sábios, e uma vida torpe e infeliz, também por causa de nossa vontade?

EVÓDIO. Admito que chegamos a essas conclusões por raciocínios certos e difíceis de serem negados.

... e louvável vida...

13.29 AGOSTINHO. Veja também uma outra coisa: acredito que você tenha guardado na memória o que dissemos a respeito da boa vontade. Considero o que se disse que ela é aquilo pelo que desejamos viver de modo reto e honesto.

EVÓDIO. Sim, lembro-me.

AGOSTINHO. Assim, se amarmos e abraçarmos nossa vontade com esta mesma boa vontade, preferindo-a a tudo o que não conseguimos reter apenas com o nosso desejo, irão habitar em nossa alma aquelas virtudes cuja posse, como o raciocínio nos ensinou, são a própria vida reta e honesta. Assim, concluímos que quem deseja viver dessa maneira, se quiser o seu próprio querer mais intensamente do que deseja os bens fugazes, alcançará com tanta facilidade este bem que é tão valioso que, para ele, seu próprio querer possuirá, com efeito, tudo aquilo que quiser.

EVÓDIO. De fato, digo-lhe que com dificuldade me contenho em gritar de alegria ao ver surgir para mim, de repente, um bem tão grande e facilmente alcançável.

AGOSTINHO. Essa alegria, que surge quando alcançamos tal bem, quando eleva a alma com tranquilidade, quietude e constância, é chamada de vida feliz. A não ser que você considere que viver de maneira feliz é outra coisa que se alegrar com os bens verdadeiros e certos.

EVÓDIO. Não. Isso é justamente o que penso.

CAPÍTULO 14
POR QUE POUCOS CHEGAM A SER FELIZES, SE TODOS O QUEREM?

... o próprio desejo de uma vida feliz

14.30 AGOSTINHO. Está certo. Mas você acredita que existe algum homem que não queira, de toda maneira, e não escolha uma vida feliz?

EVÓDIO. Quem duvida que todo homem a queira?

AGOSTINHO. Por que então não a alcançam todos? Pois conversamos e chegamos a um acordo: que é pela vontade que os homens a merecem e é também pela vontade que merecem uma vida infeliz. E assim, que é merecido o que recebem. Mas agora, existe não sei que contradição que, se não for examinada com diligência, pode perturbar o raciocínio anterior, tão atento e firme. Com efeito, como alguém sofre uma vida miserável se absolutamente ninguém quer viver miseravelmente? E como o homem pode conseguir pela vontade uma vida feliz quando existem tantos miseráveis, ainda que todos queiram ser felizes?

Será assim porque uma coisa é querer bem ou mal e outra é merecer algo por meio de uma vontade boa ou má? Com efeito, aqueles que são felizes, que também convém que sejam bons, não são felizes apenas porque quiseram viver de maneira feliz, pois isso também quiseram os maus, mas porque quiseram viver retamente, o que os maus não querem. Por isso, não é de se admirar que os homens infelizes não alcancem o que querem, isto é, a vida feliz. De fato, aquilo que a acompanha, sem o qual ninguém é dela digno e ninguém a alcança, ou seja, viver retamente, não o querem da mesma maneira.

Aquela lei eterna, que devemos voltar a considerar, firmou isto com uma estabilidade imutável, de maneira que na vontade esteja o mérito, mas que na felicidade ou na miséria estejam o prêmio e o castigo. Assim, quando dizemos que os homens são infelizes pela vontade, não dizemos, por isso, que queiram ser infelizes, mas que neles a vontade é tal que necessariamente se segue a infelicidade, ainda que não a queiram. E isso não contradiz o raciocínio anterior, que todos querem ser felizes, mas não o podem. Pois nem todos querem viver retamente, mas a vida feliz se deve somente a vontade de assim viver. Ou você tem algo a dizer contra isso?

Evódio. Não, nada tenho.

Capítulo 15
Qual a extensão e quanto vale a lei eterna
e a lei temporal

Diferente é a lei para os sábios e os ignorantes

15.31 Evódio. Mas vejamos como essas coisas se referem à questão que foi proposta, a respeito das duas leis.

Agostinho. Que seja. Mas me diga antes: quem ama viver com retidão, deleitando-se de tal modo nisso que essa vida se torna, para ele, doce e alegre, não ama também, tomando-a como absolutamente preciosa, essa lei pela qual ele vê que a vida feliz é devida à boa vontade e a infeliz, à má vontade?

Evódio. Ama-a completa e intensamente. Com efeito, vive assim, seguindo-a.

Agostinho. Mas então? Já que a ama, ama algo mutável e temporal ou algo estável e sempiterno?

Evódio. Algo eterno e imutável, certamente.

Agostinho. E então? Aqueles homens que perseveram na má vontade e, não obstante, desejam ser felizes, podem eles amar essa lei que, merecidamente, pune-os com a infelicidade?

Evódio. De maneirar alguma, eu creio.

Agostinho. E eles não amam nenhuma outra coisa?

Evódio. Ao contrário, muitas, aquelas que a má vontade persevera em buscar e conservar.

Agostinho. Acredito que você esteja falando sobre riquezas, honras, prazeres, a beleza do corpo e tantas outras coisas que, ainda que queiramos, podemos não alcançar e, ainda que não queiramos, podemos perder.

Evódio. São essas mesmo.

Agostinho. E você considera que são elas eternas, ainda que veja que estão sujeitas à volubilidade do tempo?

Evódio. Quem, mesmo sendo absolutamente insensato, poderia pensar assim?

Agostinho. Assim, é manifesto que alguns homens amam as coisas eternas e outros, as temporais. E, como foram estabelecidas duas leis, uma eterna e outra temporal, se você entende algo sobre equidade, quais desses homens você julga que devem estar sujeitos à lei eterna e quais à lei temporal?

Evódio. Considero que posso responder de imediato ao que você pergunta: creio que aqueles que são felizes por seu amor pelas coisas eternas atuam sob a lei eterna, enquanto aos infelizes se impõe a lei temporal.

Agostinho. Você julga corretamente, contanto que tenha como firme o que o raciocínio nos mostrou de maneira evidente, que aqueles que servem à lei temporal não podem estar livres da lei eterna, a partir da qual dissemos que se forma tudo o que é justo e o que se altera de modo justo. Por sua vez, aqueles que, por sua vontade, aderem à lei eterna, não necessitam da lei temporal. Como parece, você compreendeu isso de maneira suficiente.

Evódio. Aceito o que você diz.

A lei temporal preexiste às coisas...

15.32 Agostinho. A lei eterna, portanto, ordena que desviemos nosso amor das coisas temporais e, purificando-o, que o convertamos às coisas eternas.

Evódio. Com efeito, assim ordena.

Agostinho. E o que você estima que a lei temporal ordena a não ser que, com relação a essas coisas que temporalmente podem ser chamadas de nossas, quando os homens as desejam, que eles as possuam com justiça, de modo que sirvam à paz e ao convívio humano, na medida em que elas podem se prestar a isso? Mas essas coisas são, em primeiro lugar, este corpo e aquilo que nele pode ser chamado de bom, tal como uma saúde perfeita, sentidos aguçados, força, beleza e outras coisas mais, por exemplo, aquelas que são necessárias às belas artes, que, portanto, devem ser consideradas as mais valiosas, bem como outras, de menor valor.

Em seguida, a liberdade que, de fato, não é verdadeira a não ser que seja aquela que possuem os que são felizes e aderem à lei eterna. Mas agora tenho em mente aquela liberdade pela qual se consideram livres os homens que não possuem senhores e que os homens que querem se ver livres de seus senhores desejam. Depois, os pais, irmãos, esposa, filhos, parentes, vizinhos, amigos e todos aqueles que nos estão unidos por algum tipo de laço. Então, a nossa própria pátria, que costuma estar no lugar dos pais, e também as honras, o louvor e aquilo que é conhecido como glória popular. Por fim, as riquezas, nome no qual se reúne tudo aquilo de que, por direito, somos senhores, e que parece que temos o poder de vender ou dar.

Com relação a tudo isso, seria difícil e longo explicar como essa lei distribui a cada um o que lhe é próprio, o que, evidentemente, não é necessário para o nosso propósito. É suficiente que percebamos que o poder dessa lei de castigar não se estende para além da capacidade de retirar ou privar desses bens aqueles que são punidos. É pelo medo, portanto, que ela coage e, para a direção que quer, torce e retorce as almas dos infelizes para os quais é ajustada. Com efeito, enquanto temem perder essas coisas, eles mantêm, ao usá-las, um vínculo com o Estado, que é, de certa maneira, apropriado, ao menos para esse tipo de homens. Contudo, não se castiga o pecado que há em amar essas coisas, mas em tirá-las injustamente dos outros.

Mas veja se já percorremos aquilo que você tinha como infindável. Pois havíamos proposto investigar se a lei que governa os povos da Terra e as cidades teria o direito de castigar.

Evódio. Percebo que o alcançamos.

... que não estão em nosso poder

15.33 Agostinho. E repare nisto: não haveria castigo, seja uma injúria, seja uma punição, se não amassem o que nos pode ser tirado contra a vontade.

Evódio. Também percebo isso.

Agostinho. Ao fazer uso dessas coisas, uns o fazem bem, outros, mal. Quem as usa mal, apega-se ao amor a elas e se compromete, sendo controlado por aquelas coisas que era conveniente que ele controlasse. Ele as toma como bens seus, quando, ao contrário, deveria ordená-las e usá-las bem, tornando-se, ele mesmo, bom.

Mas quem que as usa retamente, mostra que essas coisas são boas, mas não para si mesmo, pois elas não o fazem melhor. É ele, pelo contrário, que as torna boas. Por isso, não se aproxima delas por amor, nem as considera parte de sua alma, o que faria se as amasse. Dessa forma, quando começarem a faltar, não o prejudicarão, nem o atormentarão ou o degradarão, pois ele será superior a elas e estará preparado para tê-las e regê-las quando necessário, mas ainda mais preparado para perdê-las e não as ter.

Você considera que deveríamos censurar a prata ou o ouro por causa dos avaros ou os alimentos por causa dos vorazes, o vinho por causa dos ébrios, a formosura das mulheres por causa dos libertinos e adúlteros, bem como outras coisas do tipo? Veja como o médico faz bom uso do fogo e o envenenador faz um uso criminoso do pão.

Evódio. É absolutamente verdadeiro: não são as próprias coisas, mas os homens que as usam mal que devem ser culpados.

Capítulo 16
Epílogo dos capítulos anteriores

O mal é afastamento do bem imutável...

16.34 Agostinho. Está certo. Já começamos, julgo eu, a ver o quanto vale a lei eterna. Também descobrimos até onde a lei temporal pode avançar na punição. Além disso, distinguiu-se com clareza suficiente que existem dois gêneros de coisas, as eternas e as temporais, bem como dois gêneros de homens, uns que seguem e amam as coisas eternas e outros, as temporais. Por outro lado, estabelecemos que o que cada um escolhe seguir e acolher está situado na vontade e que não há nada que possa depor a mente do trono de seu reino e da ordem reta a não ser esta mesma vontade. E é evidente que, quando alguém se serve mal dela, não se deve acusar alguma outra coisa, mas o próprio mau uso que se faz. Dessa forma, se lhe agrada, voltemos à questão que foi proposta no início de nossa conversa e vejamos se ela está resolvida.

Com efeito, havíamos nos proposto a investigar o que seria fazer o mal e, por isso, dissemos tudo o que foi dito. A esse respeito, convém agora direcionarmos nossa mente para considerarmos se fazer o mal é outra coisa que negligenciar o que é eterno, bem como tudo aquilo que a mente frui por si mesma, por si mesma percebe e, amando, não pode perder. E se é também buscar as coisas temporais como se fossem grandes e admiráveis, essas coisas que são percebidas pela parte menos nobre do homem, o seu corpo, e que nunca podem ser tomadas como certas. Com efeito, neste único gênero, parecem-me estar incluídas todas as más ações, isto é, os pecados. Mas espero saber como lhe parece que seja.

... e conversão ao bem mutável

16.35 Evódio. É assim como você diz. Estou de acordo que todos os pecados estão contidos neste único gênero, ou seja, que se formam quando alguém se aparta das coisas divinas e das verdades permanentes, voltando-se para as coisas mutáveis e incertas. Ainda que essas coisas estejam retamente situadas em sua própria ordem e tenham uma certa beleza, é característico de uma alma perversa e desordenada sujeitar-se a persegui-las, quando, pelo contrário, foi estabelecido pela ordem e a justiça divina que o arbítrio mesmo da alma as dirigisse.

Ao mesmo tempo, parece-me que já vemos de maneira absolutamente evidente que, depois desta questão, o que é fazer o mal, devemos nos propor a investigar o seguinte: por que fazemos o mal? E, a não ser que eu esteja enganado, segundo nos mostrou nosso raciocínio, o fazemos pelo livre-arbítrio da vontade. Mas me pergunto se foi conveniente que tal livre-arbítrio, a partir do qual, segundo nos convencemos, vem a capacidade de pecar, tenha nos sido dado por Aquele que nos criou. Pois parece que não haveria pecadores se não o tivéssemos. Assim, é de temer que Deus possa, dessa forma, ser também considerado o autor de nossas más ações.

Agostinho. Não tema isso de nenhuma maneira! Contudo, para tratarmos de modo mais diligente dessa questão, devemos retomá--la em um outro momento. Pois esta conversa já pede um limite e um fim. Gostaria que você acreditasse que investigamos questões grandes e profundas, mas apenas como se tivéssemos batendo à suas portas. Quando começarmos a ingressar no interior de seu santuário, tendo Deus como guia, você certamente entenderá a distância entre esta nossa discussão e aquelas que se seguirão, e verá como estas serão superiores, não apenas na sagacidade da investigação, mas também na majestade dos assuntos e na luz claríssima da verdade. Que sejamos auxiliados pela piedade, para que a divina providência nos permita prosseguir e completar o caminho que estabelecemos seguir.

Evódio. Aceito seu arbítrio, julgo-o ser também o meu e a ele me ligo com um voto de absoluta boa vontade.

LIVRO II
DE DEUS VEM O LIVRE-ARBÍTRIO

CAPÍTULO 1
POR QUE DEUS NOS DEU A LIBERDADE, PELA QUAL SE PECA?

Se Deus deu o livre-arbítrio...

1.1 EVÓDIO. Agora, se possível, me explique: por que Deus concedeu ao homem o livre-arbítrio da vontade? Pois, se não o tivesse recebido, certamente não poderia pecar.

AGOSTINHO. Mas você tem certeza de que Deus deu ao homem algo que, segundo a sua opinião, não deveria ter dado?

EVÓDIO. De acordo com o que parece que entendi no livro anterior, nós temos o livre-arbítrio da vontade, por meio do qual, e de nada mais, pecamos.

AGOSTINHO. Também me lembro que isso se tornou evidente. Mas lhe perguntei agora mesmo se você tem o conhecimento seguro de que foi Deus que nos deu aquilo pelo que é manifesto que pecamos.

EVÓDIO. Ninguém mais, eu acho. Pois existimos a partir de Deus e, quer pecando, quer agindo retamente, é dele que recebemos a punição ou a recompensa.

AGOSTINHO. Também desejo saber se você tem um conhecimento claro disso ou se apenas acredita, movido de bom grado pela autoridade, ainda que sem o conhecimento de fato.

EVÓDIO. Foi pela autoridade, admito, que por primeiro acreditei nisso. Mas o que seria mais verdadeiro: que todo o bem existe a partir de Deus, que tudo o que é justo é bom e que o castigo dos pecadores é justo, bem como a recompensa dos que agem retamente? Mas daí se conclui que tanto a miséria dos que pecam quanto a felicidade dos que agem retamente procedem de Deus.

De Deus vem o homem...

1.2 AGOSTINHO. Em nada me oponho. Mas ainda lhe pergunto: como você sabe que é a partir de Deus que existimos? Pois o que você explicou agora não foi isso, mas que é por meio de Deus que recebemos o castigo ou a recompensa.

EVÓDIO. Considero seja evidente, pois admitimos que Deus castiga os pecados, já que toda justiça existe a partir dele. Pois, enquanto é próprio da bondade prestar benefícios até mesmo aos estrangeiros, não é próprio da justiça castigá-los se não lhe dizem respeito. Por isso, manifesta-se que pertencemos a Deus, já que Ele não é apenas o mais generoso em seu auxílio, mas também o mais justo em sua punição. Além disso, como eu havia proposto e você aceitado, se todo o bem vem de Deus, podemos compreender que também o homem existe a partir dele. Pois o ser humano, na medida em que é um ser humano, é bom, ao menos de algum modo, pois, quando quer, pode viver retamente.

... e sua vontade

1.3 AGOSTINHO. Se assim é, a questão que você propôs está resolvida: se o homem é de algum modo bom e se ele só pode agir retamente quando quer, deve ter a vontade livre, sem a qual não poderia agir retamente. Não é porque pecamos por meio de nossa vontade que devemos acreditar que ela nos tenha sido dada por Deus para isso. Existe, assim, uma razão suficiente para a termos recebido: sem ela, o homem não poderia viver retamente.

E, tendo nos sido dada para isso, podemos entender porque aquele que a usa para pecar sofre o castigo divino, o que teria sido injusto se a tivéssemos recebido não apenas para viver retamente, mas também para pecar. Pois como seria justo castigar alguém que usou a vontade para fazer aquilo em vista do que ela nos foi dada? Pelo contrário, quando Deus pune quem peca, que outra coisa parece dizer que não: "por que você não usa a vontade livre para aquilo em vistas do que ela lhe foi dada, isto é, para agir retamente?"

E se o homem carecesse do livre-arbítrio da vontade, como existiria aquele bem, a justiça, pela qual os pecados são condenados e as ações retas louvadas? Se o homem não tivesse a vontade livre, tanto a pena quanto a recompensa seriam injustas. Mas é necessário que haja justiça, tanto no castigo quanto na recompensa, pois esse é um dos bens que vêm de Deus. Portanto, Ele deve dar ao homem a vontade livre.

Capítulo 2
Objeção: se o livre-arbítrio foi dado para o bem, como pode se voltar ao mal?

Por que então a usamos mal?

2.4 Evódio. Admito que Deus nos tenha dado essa vontade. Mas lhe pergunto: não parece, se ela nos foi dada para agir retamente, que ela deveria ser incapaz de se voltar para o pecado? Esse é o caso da justiça, que também foi dada ao homem para que ele viva bem: poderia alguém viver mal por causa dela? Do mesmo modo, ninguém deveria poder pecar por meio da vontade se ela nos foi dada para agir retamente.

Agostinho. Deus me concederá, assim espero, conseguir lhe responder ou, melhor, que você mesmo responda, ensinado por meio daquela verdade que é a grande mestra de todos. Assim, me diga sucintamente: o seu conhecimento a respeito do que lhe perguntei, se Deus nos deu a vontade livre, é certo? Caso seja, seria conveniente afirmar que Ele não deveria nos ter dado o que confessamos que nos deu?

Com efeito, se não é certo que Ele nos tenha dado a vontade livre, poderíamos primeiro perguntar se foi bom que ela nos tenha sido dada. Então, se descobríssemos que esse é o caso, também descobriríamos que ela nos foi dada por Deus, que deu à alma todos os bens. Mas, se descobríssemos que não foi bom que ela nos tenha sido dada, entenderíamos que não nos foi dada por Ele, a quem culpar não é lícito.

Contudo, se é certo que a recebemos de Deus, de qualquer maneira que nos tenha sido dada, não convém dizermos que não deveria nos ter sido dada, nem que deveria nos ter sido dada de uma outra maneira, pois de maneira alguma podemos repreender o que Ele faz.

Buscamos a verdade...

2.5 Evódio. Mesmo que eu tenha uma fé inabalável a esse respeito, como ainda não compreendo bem a questão, investiguemos como se fosse tudo incerto: se por meio da vontade livre podemos pecar, será que ela nos foi dada para fazermos o bem? Mas, se não sabemos se ela nos foi dada para fazermos o bem, não sabemos se ela deveria nos ter sido dada. E, se é assim, também não sabemos se ela nos foi dada por Deus. Pois se não é certo que ela deveria nos ter sido dada, também será incerto que ela nos foi dada por Deus, já que não é lícito crer que Ele nos tenha dado algo que não devesse nos dar.

Agostinho. Mas você ao menos tem por certo que Deus existe?

Evódio. Também isso tenho como uma verdade inabalável. No entanto, não por ver que assim é, mas por crer.

Agostinho. E se algum desses homens tolos, sobre os quais está escrito: "disse o tolo em seu coração: Deus não existe" (Sl 52, 1), lhe falasse que não quer acreditar no que você acredita, mas saber se você acredita em coisas verdadeiras? Você o deixaria de lado ou, de algum modo, tentaria persuadi-lo a respeito daquilo que você tem como inabalável, sobretudo se ele quisesse de fato saber e não apenas discutir com obstinação?

Evódio. O que você acabou de dizer me indica como devo respondê-lo: ainda que ele fosse o menos razoável dos homens, ele admitiria que não devemos discutir com alguém que seja falso e obstinado, ainda mais a respeito de um assunto tão grande. E, tendo concedido isso, ele agiria de uma maneira que me levasse a acreditar que sua investigação é feita com boa vontade, sem falsidade ou obstinação.

Se assim fosse, eu lhe demonstraria algo que considero fácil: se ele quer que alguém acredite no que diz sobre o que está oculto em sua alma e que só ele mesmo conhece, não seria ainda mais justo acreditar na existência de Deus por causa do testemunho dos livros escritos por esses homens notáveis que atestaram terem vivido com o Filho de Deus? Pois eles escreveram que viram coisas que não poderiam ter acontecido se Deus não existisse. E meu debatedor seria demasiadamente tolo se me repreendesse por acreditar no testemunho de tais homens, já que ele mesmo quer que eu acredite em seu próprio testemunho. Mas, já que não poderia me repreender, também não encontraria nenhum motivo para não me imitar.

Agostinho. Se, no que diz respeito à existência de Deus, você acredita que é suficiente considerarmos que não devemos temer acreditar em homens tão notáveis, eu lhe pergunto: com relação aos temas que estamos investigando, que você considera incertos e desconhecidos, por que você não pensa que devemos simplesmente crer na autoridade desses mesmos homens, de modo que não mais precisemos nos esforçar neles?

Evódio. É que desejamos conhecer e compreender aquilo no que acreditamos.

... para chegarmos ao conhecimento

2.6 Agostinho. Você se lembra bem do que estabelecemos em nossa última conversa, que não podemos negar: crer é diferente de entender, mas é primeiro necessário crer nas verdades grandiosas e divinas que desejamos entender. Se assim não fosse, em vão o profeta teria dito: a não ser que creiam, não entenderão (Is 7,9).

Nosso Senhor exortou a quem chamou à salvação a primeiro crer em seus ditos e feitos. Mas depois, ao falar do dom que seria dado aos que acreditam, ele não disse: "essa é a vida eterna, que creiam em mim", mas "essa é a vida eterna, que conheçam ao Deus verdadeiro e a quem Ele enviou, Jesus Cristo" (Jo 17,3). E, em seguida, aos que já acreditavam, ele disse: "procurem e encontrarão" (Mt 7,7). Mas não podemos dizer que se encontrou o que se acredita sem conhecer.

E ninguém poderá encontrar a Deus se primeiro não crer no que depois irá conhecer. Por isso, obedecendo aos preceitos do Senhor, o busquemos com urgência. E, o que buscamos por causa de sua exortação, encontraremos quando ele nos mostrar, na medida em que pode ser alcançado nesta vida por homens como nós. Pois, aos melhores, ainda nesta vida, e a todos os homens bons e piedosos, após ela, devemos crer que tais coisas serão percebidas e alcançadas de um modo mais evidente e perfeito. E nós devemos também ter essa esperança, desejando essas coisas e amando-as, desprezando o que é terreno e humano.

CAPÍTULO 3
PARA QUE SE MANIFESTE A EXISTÊNCIA DE DEUS, É PRECISO INVESTIGAR O QUE É O MAIS ELEVADO NO HOMEM

Ser é viver e compreender

3.7 AGOSTINHO. Façamos a nossa investigação na seguinte ordem, se lhe agrada: primeiro, vejamos como se manifesta que Deus existe; em seguida, se dele procede tudo o que há de bom em todas as coisas; por fim, se a vontade livre deve ser contada entre as coisas boas.

Tendo elucidado essas questões, ficará mais claro, assim acredito, se foi certo que a vontade livre tenha sido dada ao homem. Assim, lhe pergunto primeiro, para que tenhamos já no início algo de evidente: você existe? E, caso você tema errar ao responder: se você não existisse, poderia de algum modo se enganar?

Evódio. É melhor passar às outras questões.

Agostinho. Pois bem: é evidente que você existe. Mas não seria evidente caso você também não vivesse. Portanto, é evidente que vive. Você entende que essas duas afirmações são absolutamente verdadeiras?

Evódio. Entendo claramente.

Agostinho. Mas, sendo assim, uma terceira coisa também é evidente: que você compreende.

Evódio. É evidente.

Agostinho. E qual dessas três lhe parece a mais excelente?

Evódio. A inteligência.

Agostinho. Por que lhe parece ser assim?

Evódio. Porque como são três: existir, viver, compreender, e como a pedra existe e o animal vive, não considero, no entanto, que a pedra vive ou que o animal compreende. Mas, pelo contrário, estou bem certo de que quem compreende também existe e vive. Por isso, não hesito em julgar que aquele que possui essas três coisas é superior a quem não tem uma ou duas delas. Com efeito, quem vive, certamente existe, mas não se segue que compreenda: essa é a vida que julgo ser a dos animais. E se algo existe, com certeza não é consequente que viva e compreenda: posso confessar que o cadáver existe, mas ninguém dirá que vive. E, já que, de fato, não vive, muito menos compreende.

Agostinho. Vemos, desse modo, que, dessas três coisas, faltam duas ao cadáver, uma ao animal e nenhuma ao homem.

Evódio. É verdade.

Agostinho. Vemos também que a mais excelente entre as três é aquela que apenas o homem possui, isto é, o compreender. E que, ao tê-lo, segue-se que também possui o existir e o viver.

Evódio. Certamente.

Os sentidos se referem ao sentido interior...

3.8 AGOSTINHO. Mas agora me diga: você sabe que possui aqueles conhecidos sentidos do corpo: ver, ouvir, cheirar, degustar e tocar?

EVÓDIO. Sei.

AGOSTINHO. O que você considera pertencer ao sentido da vista? Isto é, o que julga que percebemos ao ver?

EVÓDIO. Qualquer coisa que seja corpórea.

AGOSTINHO. E percebemos o que é duro ou mole ao ver?

EVÓDIO. Não.

AGOSTINHO. O que é então que pertence propriamente aos olhos, aquilo que por meio deles percebemos?

EVÓDIO. A cor.

AGOSTINHO. E com relação aos ouvidos?

EVÓDIO. Os sons.

AGOSTINHO. E com o olfato?

EVÓDIO. O cheiro.

AGOSTINHO. E com o paladar?

EVÓDIO. O sabor.

AGOSTINHO. E com o tato?

EVÓDIO. O mole e o duro, o suave e o áspero e muitas outras coisas desse tipo.

AGOSTINHO. Mas então? As formas dos corpos, grandes, pequenas, quadradas, redondas e outras assim, será que as percebemos tocando e vendo e, portanto, nem propriamente à visão nem ao tato, mas a ambos os sentidos deve ser atribuída?

EVÓDIO. Sei que assim é.

AGOSTINHO. Você, portanto, compreende que cada sentido tem o que lhe é próprio, aquilo que eles nos anunciam, mas que também possuem algumas coisas em comum?

EVÓDIO. Também compreendo isso.

AGOSTINHO. Mas então: poderíamos distinguir o que pertence a cada sentido e o que existe de comum entre todos ou alguns deles por meio de algum desses mesmos sentidos?

EVÓDIO. De nenhuma maneira. Só podemos fazer esse julgamento por meio de algo que nos é interior.

AGOSTINHO. Não será talvez por meio da razão, da qual os animais selvagens carecem? Pois de fato, como penso, é pela razão que compreendemos essas coisas e entendemos que elas são assim.

EVÓDIO. Na verdade, penso que, por meio da razão, nós compreendemos que existe um certo sentido interior para o qual é transmitido tudo quanto procede desses cinco sentidos que nos são conhecidíssimos. Pois uma coisa é o que o animal vê e outra o que ele percebe ao ver, que ele evita ou deseja. O que ele vê está nos olhos, mas o que ele percebe ao ver esta está no interior da alma. Não é apenas por meio do que veem, mas também do que ouvem e do que captam com os outros sentidos do corpo que os animais desejam e aceitam o que lhes deleita e evitam e rejeitam o que lhes desfavorece.

Não se pode dizer que isto é a visão, nem a audição, o olfato, o paladar ou o tato, mas algo desconhecido que preside a todos eles. E compreendemos isso com a nossa razão, como você disse. Contudo, não posso chamá-lo de razão, pois é manifesto que também os animais selvagens o possuem.

... que pertence à razão

3.9 AGOSTINHO. Reconheço-o, seja o que for, e não hesito em chamá-lo de sentido interior. Contudo, a não ser que seja ultrapassado por aquilo que nos chega por meio dos sentidos, não podemos chegar à ciência, já que tudo o que conhecemos, o fazemos por meio da razão. Por exemplo, deixando de lado outras coisas: não percebemos as cores pelo ouvido, nem os sons pela visão; mas sabemos que assim é não pelos olhos, nem pelos ouvidos ou pelo sentido interior, do qual nem os animais carecem. E não devemos acreditar que eles sabem que não percebem a luz pelos ouvidos ou os sons pelos olhos. Portanto, discernimos essas coisas por meio da atenção racional e do pensamento.

Evódio. Não posso dizer que captei o que você disse. O que aconteceria se, por meio do sentido interior, do qual você admite que nem os animais carecem, eles também julgassem que não podem sentir as cores pelo ouvido e os sons pela visão?

Agostinho. Então você pensa que eles podem distinguir a cor que percebem da sensação que está nos olhos, bem como do sentido interior que está junto à alma e da razão que define e enumera cada uma dessas coisas?

Evódio. De modo algum.

Agostinho. Mas então? A razão poderia distinguir esses quatro e circunscrevê-los por meio de definições se não alcançasse a cor por meio do sentido que está nos olhos, aquilo que chega aos olhos por meio do senso interno que os preside e o próprio sentido interior por meio de si mesma, se ainda não houver nada mais interposto aqui?

Evódio. Não vejo como possa ser de outro modo.

Agostinho E então? Você não percebe que o sentido dos olhos percebe as cores, mas que não percebe a si mesmo? Pois não é pelo sentido pelo qual você vê cor que você verá que ele vê.

Evódio. Absolutamente não.

Agostinho. Então se empenhe em discernir também isto: com efeito, não acredito que você negue que uma coisa é a cor e outra ver a cor. E que outra coisa ainda, quando a cor não está presente, é ter o sentido que é capaz de ver a cor caso ela estivesse presente.

Evódio. Sim, percebo isso e admito que são coisas diferentes.

Agostinho. Pois bem, destas três coisas, o que você vê com os olhos a não ser a cor?

Evódio. Nada mais

Agostinho. Diga-me então: como você vê as outras duas? Pois você não pode as distinguir se não as tiver visto.

Evódio. Não sei como. Só sei que é assim, nada mais.

Agostinho. Então você não sabe se é a própria razão ou aquela vida que chamamos de sentido interior, superior aos sentidos do corpo, ou alguma outra coisa?

Evódio. Não sei.

Agostinho. Mas você sabe ao menos que é apenas a razão que pode definir tais coisas? E que a razão só pode fazer isso se o que examina se apresenta a ela?

Evódio. Isso é certo.

Agostinho. Portanto, seja o que for aquilo pelo qual podemos perceber o que sabemos, está a serviço da razão, apresentando e anunciando a ela tudo o que apreende, de modo que ela possa discernir os limites do que é percebido e conhecer – não somente percebendo, mas compreendendo.

Evódio. Assim é.

Agostinho. Mas então? A própria razão distingue as faculdades que a servem daquilo que elas lhe apresentam. E também se distingue delas. Saberá ela e confirmará que é superior a elas? Será ela compreendida por algo que não é ela mesma? Ou você é capaz de perceber que é dotado de razão por algum outro meio que não através da razão?

Evódio. Certamente não.

Agostinho. Portanto, quando percebemos a cor, não a percebemos pelo mesmo sentido pelo qual percebemos que percebemos. Quando ouvimos um som não ouvimos nossa própria audição e quando cheiramos uma rosa, não cheiramos nosso próprio olfato. Nem quando degustamos algo saboreamos na boca o próprio paladar. E nem ao tocar algo podemos tocar o sentido do tato. É evidente que os cinco sentidos não podem ser percebidos por nenhum desses mesmos sentidos, ainda que eles sejam capazes de perceber tudo o que é corpóreo.

Evódio. É evidente.

Capítulo 4
O SENTIDO INTERIOR PERCEBE O PRÓPRIO SENTIR, MAS DISTINGUE A SI MESMO?

O sentido interior sente que ele sente

4.10 AGOSTINHO. Considero também que é evidente que o sentido interior não apenas percebe o que os cinco sentidos corpóreos recebem, mas também os próprios sentidos. Pois, se não percebesse que percebe, o animal não se moveria ao desejar algo ou fugir. E isso não diz respeito à razão, mas somente ao movimento, e nenhum dos cinco sentidos é capaz de perceber.

Mas se a questão ainda é obscura, se tornará mais clara se você prestar atenção no que acontece com algum desses sentidos, por exemplo, a visão: um animal não poderia abrir os olhos e movimentá-los para que vejam o que ele deseja ver se não percebesse que os olhos estão fechados e que ainda não se movimentam. E tão necessário quanto ele perceber que não vê quando não vê é ele perceber que vê quando vê, pois, quando vê, ele não move os olhos com o desejo com o qual ele os move quando não vê. Isto indica que ele percebe ambos os casos.

Mas não está claro se esta vida, que percebe perceber as coisas corpóreas, também percebe a si mesma, a não ser que alguém, examinando seu próprio interior, descubra que tudo que vive foge da morte. Se assim for, sendo a vida o contrário da morte, é necessário que ela perceba a si mesma e que fuja do seu contrário.

Contudo, como isso ainda não está claro, evitemos a questão e nos empenhemos no que temos como certo e evidente. Eis o que nos é evidente: os sentidos do corpo percebem as coisas corpóreas; esses sentidos não percebem a si mesmos; o sentido interior percebe tanto as coisas corpóreas que lhe chegam por meio dos sentidos do corpo quanto esses próprios sentidos; a razão conhece a si mesma e transforma tudo o que chega até ela em compreensão. Não lhe parece ser assim?

Evódio. Sim, parece.

Agostinho. Pois então, responda-me agora: qual é a questão que, nos levando a desejar encontrar sua solução, nos fez seguir um caminho tão longo?

Capítulo 5
O sentido interior é superior aos sentidos exteriores, dos quais é moderador e juiz

Melhor do que ser é sentir que se é

5.11 Evódio. Segundo me lembro, é a primeira daquelas três questões que propusemos discutir a fim de ordenar nosso diálogo: como pode se fazer manifesto aquilo em que acreditamos de maneira tenaz e firme, que Deus existe?

Agostinho. Você se recorda corretamente. Mas também quero que se lembre disto: quando lhe perguntei se você sabia que você mesmo existia, manifestou-se que você também sabia mais duas outras coisas.

Evódio. Também me lembro disso.

Agostinho. Pois então, veja agora: a qual dessas três coisas você entende que pertence tudo aquilo que atinge os sentidos do corpo, ou seja, em qual gênero de coisas lhe parece que devemos colocar o que atinge nossos sentidos pelos olhos ou outro órgão físico qualquer? Entre as coisas que existem somente, entre as que também vivem ou entre as que, além disso, também compreendem?

Evódio. Entre aquelas coisas que somente existem.

Agostinho. Mas então? E os próprios sentidos, em qual desses três gêneros você pensa que está?

Evódio. Entre aqueles que vivem.

Agostinho. E o que você julga ser o melhor? O próprio sentido ou o que chega aos sentidos?

Evódio. Certamente os sentidos.

Agostinho. Porque o que também vive é superior ao que apenas existe.

Portanto, é melhor o sentido interior que julgar...

5.12 Agostinho. Mas então? E o sentido interior, que é inferior à razão e que temos em comum com os animais irracionais, do qual falávamos anteriormente? Você hesitaria em antepô-lo aos sentidos pelos quais alcançamos os corpos, que você afirmou deverem ser antepostos aos próprios corpos?

Evódio. Não hesitarei de nenhuma maneira em afirmar isso.

Agostinho. Gostaria de ouvi-lo a esse respeito: por que você não hesitaria? Pois não poderá dizer que o sentido interior pode ser colocado no gênero das coisas que também compreendem, mas apenas no gênero do que existe e vive, mas carece de inteligência. Com efeito, tal sentido também existe nos animais irracionais, que não possuem inteligência. Assim sendo, lhe pergunto: por que você antepõe o sentido interior aos sentidos pelos quais percebemos as coisas corpóreas, se ambos estão no gênero de coisas que vivem? Você antepõe os sentidos que alcançam as coisas corpóreas aos próprios corpos porque eles são do gênero daquilo que apenas existe, enquanto os sentidos estão no gênero das coisas que vivem. Mas como é também nesse gênero que encontramos o sentido interior, diga-me: por que você o considera ser melhor?

Com efeito, você poderia me dizer que é porque ele percebe os outros sentidos, mas não acredito que você encontrará uma regra pela qual possamos ter a confiança de que aquele que percebe é sempre melhor que aquele que é percebido. Pois assim, seríamos talvez levados a dizer que todo aquele que compreende é melhor do que aquilo que ele compreende. Contudo, o homem compreende a sabedoria, mas não é melhor que ela. Por isso, veja bem por que motivo lhe parece que o sentido interior deve ser preferido aos sentidos pelos quais percebemos os corpos.

Evódio. Porque compreendo que ele modera e julga os outros. De fato, como foi discutido agora há pouco, se algo falta no desempenho de suas funções, ele lhes faz exigências, como se fosse uma dívida de um servo seu. Pois o sentido dos olhos não vê se vê ou não. E, por não ver, não pode julgar se lhe falta algo ou se lhe é o bastante. Mas o sentido interior adverte o animal irracional a abrir os olhos fechados e a preencher o que sente faltar. E ninguém duvida que aquele que julga é melhor que aquilo sobre o que ele julga.

Agostinho. Mas você então entende que o sentido corpóreo também, de alguma maneira, julga os corpos? Pois a ele pertence o prazer e a dor, caso seja tocado de modo suave ou áspero pelos corpos. E, tal como o sentido interior julga o que falta ou é o suficiente para os olhos, assim também o sentido dos olhos julga o que falta ou é suficiente com relação às cores. Ainda, assim como o sentido interior julga a nossa audição, se está menos atenta ou é suficiente, também nossa audição julga os sons: qual deles soa suavemente e qual de modo áspero. Não é necessário seguir com os outros sentidos. Acredito que você já está atento ao que quero dizer: que o sentido interior julga os sentidos corpóreos quando examina a integridade deles e exige o que devem, e que, da mesma forma, os próprios sentidos do corpo julgam os corpos, aceitando seu contato suave e rechaçando seu oposto.

Evódio. Compreendo isso, certamente, e admito que é o que há de mais verdadeiro.

Capítulo 6
A razão é superior a tudo mais que há no ser humano, e se há algo maior que ela, é Deus

... e, portanto, a própria razão é melhor...

6.13 Agostinho. Veja agora se a razão julga o sentido interior. Não lhe pergunto se você duvida que ela seja melhor que ele, pois não duvido que você já pense assim. Mas também não acredito que devemos investigar se a razão o julga: com relação ao que lhe é inferior, ou seja, os corpos, os sentidos corpóreos e o sentido interior, não é ela que nos anuncia que um é melhor que o outro e que ela mesma é superior a eles todos? Ela não poderia fazer isso se não julgasse essas coisas.

Evódio. É evidente.

Agostinho. Assim, a natureza do que não apenas existe, mas também vive, embora não compreenda, como a alma dos animais, é superior à natureza do que somente existe, mas nem vive nem compreende, como os corpos inanimados. Ela é inferior à natureza do que existe, vive e compreende, como a mente racional no homem. Você considera que em nós, entre as coisas que completam a nossa natureza para que sejamos homens, encontra-se algo superior a isso? Pois é evidente que temos um corpo e uma vida pela qual nosso corpo é animado e vivificado, coisa que também percebemos nos animais. E temos também um terceiro elemento, que é como a cabeça ou os olhos da nossa alma ou ainda qualquer coisa que possa ser dito de maneira congruente a respeito da razão e da inteligência, que a natureza dos animais não possui. Assim, eu lhe peço: você consegue encontrar algo na natureza humana que seja mais sublime que a razão?

Evódio. Não vejo absolutamente nada melhor.

... e melhor do que a razão é o imutável

6.14 Agostinho. E se fosse possível encontrar algo que não apenas não duvidássemos que existe, mas também que fosse mais excelente que a nossa razão? Você duvidaria que poderíamos chamá-lo, seja o que for, de Deus?

Evódio. Não afirmaria imediatamente, se encontrasse algo melhor que o que existe de melhor em minha natureza, que se trata de Deus. Pois não me agrada chamar de Deus algo com respeito ao qual a minha razão é inferior, mas somente Aquele a quem nada é superior.

Agostinho. Com certeza, já que foi Ele mesmo que fez a sua razão perceber isso de maneira tão piedosa e verdadeira. Mas lhe pergunto: se não encontrarmos nada superior à nossa razão a não ser o que é eterno e imutável, você hesitaria em dizer que é Deus? Com efeito, você sabe que os corpos são mutáveis e que a própria vida que anima o corpo, com suas várias afecções, também não carece de mutabilidade. E também a própria razão, que às vezes se esforça para alcançar a verdade e às vezes não se esforça; que, de vez em quando, a alcança e, outras vezes, não: certamente ela nos convence que somos mutáveis. Se pois, sem empregar nenhum auxílio corporal, nem o tato, nem o paladar, nem o olfato, nem o ouvido, nem os olhos, nem o sentido interior, a razão discerne algo eterno e imutável, convém, assim, que se confesse ela lhe é inferior e que se trata de Deus.

Evódio. Só confessarei que é Deus aquele ao qual não há nada superior.

Agostinho. Tudo bem. Para mim basta mostrar que existe algo assim, que você confessará que é Deus. E caso exista algo ainda superior, você considerará que é este Deus. E, se existe ou não algo assim superior, se manifestará que Deus existe quando eu demonstrar, com o auxílio divino, que existe algo superior à razão.

Evódio. Demonstre, pois, o que você prometeu.

CAPÍTULO 7
COMO UMA MESMA COISA É PERCEBIDA POR MUITOS E POR CADA UM, NA SUA TOTALIDADE E EM SUAS PARTES

Os sentidos e a razão de cada um...

7.15 Agostinho. É o que farei. Mas antes lhe pergunto se os meus sentidos corpóreos são os mesmos que os seus ou se, na verdade, os meus não são senão os meus e os seus não são senão os seus. Com efeito, se assim não fosse, eu não poderia ver com meus olhos algo que você não pode ver.

Evódio. Certamente admito que, ainda que sejam do mesmo gênero, temos nossos sentidos individuais para ver, ouvir e outras coisas mais. Com efeito, um homem pode não apenas ver, mas também ouvir o que o outro não ouve, bem como perceber com um outro sentido qualquer o que o outro não percebe. De onde fica evidente que o seu sentido é apenas seu e que o meu é apenas meu.

Agostinho. Você responderia o mesmo a respeito do sentido interior ou outra coisa?

Evódio. Não responderia diferente. Pois meu sentido interior percebe minhas sensações e o seu, as suas. Com efeito, muitas vezes alguém, ao ver alguma coisa, me pergunta se eu também a vi, já que sou eu que percebo se a vi ou não, não aquele que me interroga.

Agostinho. E então? Cada um teria também a sua própria razão? Pois, algumas vezes pode acontecer que eu compreenda algo que você não compreende. E você não pode saber se eu de fato a compreendo, apenas eu.

Evódio. É evidente que cada um de nós tem uma mente racional individual.

... mas não é o que se vê ou se ouve...

7.16 Agostinho. E você também poderia dizer que possuímos nosso próprio sol quando o vemos ou a lua, as estrelas e coisas do tipo, quando cada um as vê com os próprios sentidos?

Evódio. De nenhuma maneira.

Agostinho. É possível, assim, que muitos vejam uma mesma coisa ao mesmo tempo, ainda que os sentidos de cada um de nós sejam individuais, pelos quais todos nós vemos aquela única coisa. Assim, ainda que meu sentido seja um e o seu outro, é possível que aquilo que vemos não seja algo meu ou seu, mas uma mesma coisa presente a nós dois, vista por nós dois ao mesmo tempo.

Evódio. É evidente.

Agostinho. Também podemos, ao mesmo tempo, ouvir um mesmo som, ainda que minha audição seja uma e a sua outra; não é um o meu som e outro o seu aquele que ouvimos ao mesmo tempo, nem uma parte é captada pela minha audição e outra pela sua: aquilo que ressoa é único e está presente, em sua totalidade, para ser ouvido por nós dois.

EVÓDIO. Também isto é evidente.

... o que é sentido pelo olfato ou pelo paladar

7.17 AGOSTINHO. Com relação aos demais sentidos corpóreos, convém que você preste atenção ao que dissemos: com relação a eles, não acontece como aos olhos e ouvidos, tampouco de maneira completamente diferente. Podemos, com efeito, encher nossa respiração de um mesmo ar e senti-lo pelo olfato. Da mesma forma, podemos degustar e sentir pelo paladar um mesmo mel ou bebida, ainda que os sentidos sejam individuais, o seu para você e o meu para mim. Assim, quando ambos sentimos um cheiro ou sabor, você não o percebe com o meu sentido, nem eu com o seu, nem com um outro que possa ser comum a nós dois. Comigo, isso ocorre por meio do meu sentido e, com você, por meio do seu, ainda que seja o mesmo odor ou sabor o sentido por nós dois. Portanto, encontramos nesses sentidos algo semelhante à visão e audição.

Mas eles também são diferentes, no que diz respeito ao que dissemos agora: ainda que nós dois aspiremos o ar pelo nariz ou sintamos o gosto de um mesmo alimento, não aspiro a mesma parte do ar que você, nem pego a mesma parte do alimento, mas eu pego uma parte e você, uma outra. Assim, quando aspiro aquele ar todo, pego a parte que me basta e você, do mesmo modo, da totalidade do ar, pega a parte que lhe é suficiente. Também a comida: ainda que peguemos parte de um mesmo alimento, ele todo não é para mim nem para você, tal como uma mesma frase pode ser ouvida ao mesmo tempo ou ainda uma imagem pode ser vista, ao mesmo tempo e com o mesmo tamanho, por mim e por você. Com a comida e a bebida, é necessário que uma parte fique comigo e outra com você. Você entende isso, ao menos um pouco?

EVÓDIO. Pelo contrário, admito que é o que há de mais claro e certo.

... ou que é tocado...

7.18 AGOSTINHO. Você pensa, a esse respeito, que o sentido do tato pode ser comparado ao dos olhos e ouvidos? Pois não apenas podemos sentir um mesmo corpo ao tocá-lo, mas também você pode tocar a mesma parte que eu toquei, de modo que podemos sentir não apenas o mesmo corpo, mas também a mesma parte do corpo. Com efeito, não acontece com o tato o que acontece quando nós dois comemos um mesmo alimento e não podemos, eu ou você, comê-lo por inteiro; mas, ao contrário, você pode tocar uma mesma coisa, por inteiro, tanto quanto eu, de modo que ambos a tocamos, não uma parte cada um, mas, cada um, toda ela.

EVÓDIO. Sendo assim, confesso que o sentido do tato é muito semelhante aos outros. No entanto, vejo que também é diferente, já que podemos, ao mesmo tempo, nós dois, vermos e ouvirmos uma mesma coisa, mas, por outro lado, ainda que possamos tocar uma mesma coisa simultaneamente, não podemos tocar a mesma parte do todo ao mesmo tempo. Não posso tocar a mesma parte que você toca a não ser que você deixe de tocá-la.

... ou com o qual nos alimentamos

7.19 AGOSTINHO. Você respondeu cuidadosamente. Mas convém entender que, entre as coisas que percebemos, alguma podemos perceber, nós dois, simultaneamente, outras não. E também que cada um percebe com seus próprios sentidos e, por isso, não sinto o seu sentido, nem você o meu. Entre as coisas que sentimos com nossos sentidos, isto é, entre as coisas corpóreas, existem aquelas que podemos converter e transformar em uma parte de nós mesmos, como o alimento e a bebida, das quais nenhuma parte que eu tomei você pode tomar também. Ainda que as amas deem às crianças o alimento mastigado, aquela parte que foi apropriada pelo paladar delas ao mastigarem foi para o interior delas e, assim, não pode mais ser devolvido para que sirva de alimento às crianças. Quando o paladar saboreia algo agradável, ainda que pouco, pede para si de modo irrevogável uma parte, o que é forçoso que aconteça, pois convém à natureza dos corpos. É que, se não fosse assim, não permaneceria na boca nada a ser saboreado depois que tivesse sido mastigado, devolvido e cuspido. O mesmo pode ser dito do ar que levamos ao nariz. Ainda que você possa aspirar parte do ar que eu expiro, não posso devolver aquela parte que assimilei como alimento, pois não pode mais ser emitido. Com efeito, os médicos nos ensinam que também tomamos alimento pelo nariz, o qual só posso sentir ao respirar, sem que possa restituí-lo, de modo que você também possa senti-lo ao conduzi-lo por seu nariz.

Quanto às outras determinações sensíveis, ainda que as percebamos, não as destruímos ou as transformamos em nosso corpo. Assim, podemos nós dois senti-las, seja ao mesmo tempo, seja em momentos sucessivos, de modo que o todo ou a parte que eu percebo também seja percebida por você. Quais são eles? A luz, o som e os corpos que tocamos sem alterar.

Evódio. Compreendo.

Agostinho. É evidente, assim, que aquilo que não transformamos e, no entanto, sentimos com os sentidos do corpo, não dizem respeito à natureza dos nossos sentidos e, assim, podem ser percebidos em comum, pois não se convertem ou se transformam em algo que é propriamente nosso, como algo particular.

Evódio. Penso exatamente assim.

Agostinho. Assim sendo, devemos compreender como próprio e particular aquilo que é de cada um de nós, que só nós mesmos sentimos e que diz respeito propriamente à nossa natureza. Por outro lado, comum e público é o que é percebido por todos, sem que haja corrupção ou mutação.

Evódio. Assim é.

Capítulo 8
Nenhum sentido corporal percebe a razão dos números e ela é una e imutável para cada inteligência que a percebe

Comum é a razão do número

8.20 Agostinho. Então agora presta atenção e me diga se podemos encontrar algo que seja visto com a razão ou a mente por todos que pensam e que, quando é visto, está presente a todos, sem se transformar ao ser usado por eles – tal como ocorre com o alimento e a bebida –, mas que permaneça, sem ser corrompida, por inteiro, quer a vejam, quer não a vejam. Ou você considera que não existe algo assim?

Evódio. Ao contrário, vejo que muitas coisas são assim, dentre as quais basta nos lembrarmos de uma: a proporção e verdade dos números, presente a todos os que raciocinam, que todos que fazem cálculos buscam apreender com a razão e a inteligência. Uns aprendem mais facilmente, outros com mais dificuldades e ainda outros não aprendem de modo algum, ainda que essa verdade esteja igualmente a disposição de todos os que são capazes de compreendê-la. Mas quando alguém a percebe, não a converte e transforma em outra coisa, como se fosse um alimento. Do mesmo modo, quando alguém se engana, ela não se desvirtua, mas permanece verdadeira e íntegra, enquanto ele cai no erro, tanto maior quanto menos a vê.

... que não é alcançada pelo sentido

8.21 Agostinho. Você está certo. Vejo que, não sendo inexperiente nessas coisas, você rapidamente encontrou o que dizer. No entanto, se alguém lhe dissesse que esses números estão impressos em nossa alma, não por causa de sua natureza, mas por meio daquilo que tocamos com os sentidos do corpo, tal como se fossem imagens visíveis em algum lugar, o que você diria? Também pensaria assim?

Evódio. De nenhuma maneira. Se os números fossem percebidos pelos sentidos do corpo, ainda assim não seria possível perceber com eles a racionalidade da divisão e adição dos números. É pela luz da mente que, quando alguém anuncia um resultado falso ao adicionar ou subtrair, eu o recuso. Desconheço quanto tempo durará no futuro tudo aquilo que alcanço com os sentidos do corpo, seja o céu, a terra ou outros corpos quaisquer que percebo. Mas sei que sete mais três são dez, não apenas agora, mas sempre e nunca, de modo algum, sete mais três não serão dez. Essa verdade incorruptível dos números é a que eu digo ser comum a mim e a quem quer que raciocine.

Verdadeiramente pensamos uma coisa...

8.22 AGOSTINHO. Não me oponho ao que você disse, que é verdadeiro e correto. Mas você verá facilmente que também os próprios números não são atraídos pelos sentidos do corpo, quando refletir sobre o seguinte: todo número tem o seu nome a partir do número de vezes que tem o um. Por exemplo: se tem o um duas vezes, é chamado de dois; se três vezes, de três; se dez vezes tem o um, é chamado então de dez. Todo número, seja qual for, tem seu nome a partir de quantas vezes tem o um. Contudo, quem quer que pense algo verdadeiro sobre o um descobrirá que os sentidos do corpo não o percebem. Com efeito, as coisas que os sentidos alcançam não se formam sendo um, mas são constituídos por muitas coisas, pois são corpos e, assim, têm partes inumeráveis. Sem buscar partes menores e menos articuladas, por menor que seja o corpo, ele certamente tem uma parte direita e uma esquerda, uma superior e uma inferior, uma anterior e outra posterior, as partes extremas e uma parte intermediária. E admitimos que é necessário que isso exista em qualquer medida, exígua que seja, do corpo. Assim, não concedemos que corpo algum possa ser uma unidade verdadeira e pura. No entanto, não poderíamos contar nele uma multidão a não ser a partir da compreensão da unidade.

Quando busco a unidade dos corpos em algo sensível, não a encontro. E sei que o que busco e não encontro ali não pode ser mesmo encontrado, pois ali não está. Mas quando sei que a unidade não é um corpo, sei o que é a unidade, pois, se não soubesse, não poderia contar a multiplicidade dos corpos. Portanto, como quer que eu conheça o um, não é pelos sentidos do corpo que eu o conheço. E, já que não conheço por meio dos sentidos corpóreos nada que não seja um corpo, percebemos que a unidade pura e verdadeira não é um corpo. Por outro lado, se não percebemos a unidade com os sentidos, tampouco percebemos os outros números por meio deles, ao menos não aqueles que percebemos com a inteligência, pois recebem seus nomes a partir do número de vezes que possuem o um, o que não se faz pelos sentidos corpóreos.

A metade de qualquer corpo pequeno, ainda que esse corpo seja formado por duas partes, tem a sua própria metade. Portanto, essas duas partes formam um corpo de tal maneira que nem elas são simplesmente duas. Por outro lado, o número que chamamos de dois tem duas vezes o que é simplesmente um. Mas o um não pode ser uma metade, isto é, o que é simplesmente o um não poder ter, como um corpo, uma metade, uma terça parte ou coisa do tipo, pois é simples e verdadeiramente um.

... da qual, por acréscimo, encontramos os outros números...

8.23 Agostinho. Assim, seguindo a ordem dos números, depois do um vemos o dois, que, comparado ao um, é o seu dobro. Já o dobro do dois não se segue imediatamente, mas, entre o dois e o quatro (que é o dobro do dois), segue-se o três. E por uma lei certa e imutável, essa proporção persiste pelos outros números, de modo que depois do um, ou seja, depois do primeiro dos números, o que se segue, o dois, é o seu dobro. E depois do segundo dos números, o dois, o segundo que lhe segue é o seu dobro, pois, depois do dois temos o três e, em segundo lugar, o quatro, que é o dobro do dois. Depois do terceiro dos números, o três, o terceiro que se segue é o seu dobro: depois do três, temos primeiro o quatro, em segundo lugar o cinco e, em terceiro, o seis, que é o dobro do três. E, do mesmo modo, depois do quatro, o que lhe segue em quarto lugar é o seu dobro: primeiro o cinco, segundo o seis, terceiro o sete e quarto o oito, que é o dobro do quatro. E assim, com todos os outros números você encontrará essa lei que se manifesta nos primeiros números, ou seja, no um e no dois: que a distância de um número de seu princípio será a mesma distância entre ele e seu dobro.

Mas então, essa lei que observamos, que é imutável, firme e sem possibilidade de corrupção, que perpassa todos os números, como a observamos? Pois ninguém, com os sentidos do corpo, pode alcançar todos os números, pois são inumeráveis. Como sabemos então que assim acontece com todos os números? Por meio de que noção ou imagem podemos ver essa verdade, tão certa, de maneira tão confiante, a não ser que a observemos pela luz interior que os sentidos ignoram?

... e estes são conhecidos pela mente, e pela sabedoria

8.24 Agostinho. Esse e muitos outros argumentos desse tipo nos forçam a confessar a todos aqueles a quem Deus tornou capaz de os discutir, aos quais a pertinácia não ainda os conduziu às trevas, que a racionalidade e a verdade dos números não dizem respeito aos sentidos do corpo, pois permanecem imutáveis e inteiras, disponíveis para serem vistas por todos os que raciocinam. Mas, como muitas outras coisas poderiam nos ocorrer que são comuns e estão presentes a todos os que raciocinam, vistas com a mente e a razão, invioláveis e imutáveis, fico satisfeito em perceber que a racionalidade e verdade dos números foi o que lhe ocorreu em primeiro lugar quando você quis responder à minha pergunta. É que não é em vão que, nas Sagradas Escrituras, o número está ligado à sabedoria, quando se diz: "explorei também meu coração para conhecer, considerar e buscar A SABEDORIA E O NÚMERO" (Ecl 7,26).

Capítulo 9
O QUE É A SABEDORIA, SEM A QUAL NINGUÉM É FELIZ, E SE ELA É UMA SÓ EM TODOS OS SÁBIOS

O que cada um pensa da sabedoria

9.25 Dessa forma, pergunto-lhe: o que você considera que devemos pensar a respeito da própria sabedoria? Você acredita que cada homem tem uma sabedoria individual? Ou que é uma só, presente a todos e comum, sendo que, na medida em que alguém participa mais dessa sabedoria, tanto mais é sábio?

Evódio. Não sei de que sabedoria você fala. Pois vejo que parece ser variado o que os homens consideram ser feito ou dito com sabedoria. Para aqueles que servem como soldados, suas ações são sábias, mas, para quem despreza o serviço militar, cultivando o trabalho do campo e dedicando-se a ele, é a esse tipo de atividade que atribuem a sabedoria. Quem é astuto ao cogitar maneiras de conquistar riquezas pensa ser sábio, mas, quem negligencia isso, abandonando todo o bem temporal para dedicar seu esforço à investigação da verdade, de modo que possa conhecer a si mesmo e a Deus, esse julga que tal é o grande ofício da sabedoria. Da mesma maneira, aqueles que não querem se dar ao ócio para buscar e contemplar a verdade, mas se dedicam de preferência a cuidados e deveres os mais trabalhosos, aconselhando os homens e voltando-se para a moderação e o governo justo das coisas humanas, esses também se consideram sábios. E aqueles que fazem ambas as coisas, vivendo em parte na contemplação da verdade e, em parte, dedicados a trabalhos e deveres, que consideram ser algo que devem à sociedade humana, julgam que é deles a palma da sabedoria. Omito as inumeráveis seitas, que não existem sem que seus sequazes se sobreponham a todos os outros, desejando que só eles sejam considerados sábios.

Por isso, já que em nossa discussão não estamos respondendo nada a partir de nossas crenças, mas a partir daquilo que nossa inteligência toma por claro, não consigo responder à sua questão a não ser verificando e discernindo pela razão o que eu tenho por fé, ou seja, o que é a sabedoria.

A sabedoria é para a vida feliz...

9.26 Agostinho. Mas você julga que existe algum tipo de sabedoria que não é a verdade, a partir da qual podemos discernir e possuir o sumo bem? Com efeito, todos esses homens dos quais você se lembrou, ainda que sigam ideias diversas, desejam o bem e fogem do mal. E é por isso que seguem ideias diversas: para cada um deles, o bem parece ser uma coisa diferente. No entanto, aquele que deseja o que não deve ser desejado erra, ainda que aquilo que ele deseja lhe apareça como um bem. Só não erra aquele que não deseja nada ou que deseja o que deve ser desejado.

Assim, na medida em que todos os homens desejam a vida feliz, não erram. Contudo, na medida em que não seguem o caminho da vida que leva à felicidade, proclamando e confessando não desejar outra coisa que a felicidade, por causa disso, erram: o erro está em seguirmos um caminho que não nos leva aonde queremos chegar. E, de fato, quanto mais se erra com relação ao caminho da vida, tanto menos se sabe e tanto mais se está longe da verdade, a partir da qual podemos discernir e possuir o sumo bem.

É feliz aquele que alcança e obtém o sumo bem, o que todos nós, com certeza, desejamos. Mas, tal como queremos ser felizes, também queremos ser sábios, pois ninguém é feliz sem ser sábio. É que ninguém é feliz a não ser que possa discernir e obter o sumo bem; mas é isso a verdade que chamamos de sabedoria. Portanto, assim como antes de sermos felizes temos impressa em nossa mente uma noção do que é a felicidade, pois é por ela que sabemos com certeza e temos confiança em dizer que desejamos ser felizes, do mesmo modo, antes que sejamos sábios, temos, em nossa mente, impressa uma noção da sabedoria, pela qual cada um de nós, se nos perguntam se desejamos ser sábios, responde, sem sombra de dúvida, que sim.

... e única para o bem supremo...

9.27 AGOSTINHO. Assim, já estamos de acordo a respeito do que seja a sabedoria: ainda que você talvez não consiga explicá-la com palavras, se não fosse possível discerni-la com a alma, não saberíamos nem que desejamos ser sábios nem que deveríamos desejá-lo, o que acredito que você não negará. Assim, quero que me diga: você considera que a sabedoria, tal como a racionalidade dos números e a sua verdade, manifesta-se como algo comum a todos os que raciocinam? Ou então, como existem tantas inteligências humanas quanto existem homens, será que existem tantas sabedorias quanto existem pessoas que podem ser sábias e, por isso, eu não posso perceber a sua sabedoria nem você a minha?

Evódio. Se o sumo bem é o mesmo para todos, é necessário que também a verdade, a partir da qual nós o discernimos e somos capazes de obtê-lo, isto é, a própria sabedoria, seja comum a todos.

Agostinho. E você tem dúvidas de que o sumo bem, seja lá qual for, é o mesmo para todos os homens?

Evódio. Tenho, pois vejo pessoas diferentes se alegrarem com coisas diversas, tal como se fossem para elas o sumo bem.

Agostinho. Gostaria de que não houvesse dúvidas a respeito do sumo bem, tal como não há dúvidas de que, seja lá qual ele for, o homem não pode se fazer feliz a não ser que o obtenha. Mas como essa é uma questão importante e talvez necessite de uma longa discussão, suponhamos que existam tantos sumos bens quanto existem coisas diversas que os diferentes homens desejam como se fossem o sumo bem. Se seguiria daí que a sabedoria não é una nem comum a todos os homens, já que os bens que discernem e escolhem por meio dela são muitos e diversos?

Se você pensa assim, poderia duvidar também de que a luz do sol seja a mesma, já que são muitas e diversas as coisas que por meio dela discernimos. Com efeito, cada um escolhe, por meio de sua própria vontade, de qual destas muitas coisas fruirá com o sentido da visão: um observa de bom grado a altura de um monte e se alegra com o que vê; outro, com a planície do campo; outro ainda, com a inclinação do vale; um outro, com o verde dos bosques; outro, com o movimento uniforme do mar; e um outro coleciona todas essas coisas ou ao menos alguma delas quando se alegra ao vê-las. São, portanto, muitas e diversas as coisas que os homens vêm pela luz do sol e podem escolher fruir. Contudo, a luz mesma é uma, pela qual cada um, ao ver, possui aquilo que frui. Do mesmo modo, existem muitas coisas boas, diferentes entre si. Dentre elas, cada um escolhe a que quer e, quando a vê e a possui para fruí-la, ela se torna para ele, reta e verdadeiramente, o sumo bem. Mas pode acontecer que a própria luz da sabedoria, pela qual esses bens podem ser vistos e possuídos, seja uma só, comum a todos os sábios.

Evódio. Admito que pode ser assim. Nada impede que exista uma mesma sabedoria, comum a todos, ainda que muitos e diversos sejam os sumos bens. Mas gostaria de saber se é assim de fato. Pois, se concedo que é possível que seja, não se segue que seja de fato.

AGOSTINHO. Mas sabemos ao menos que existe a sabedoria. Se é uma só, comum a todos, ou se cada sábio tem a sua, tal como tem sua alma e sua inteligência, isso não sabemos ainda.

EVÓDIO. Isso.

CAPÍTULO 10
UNA É A LUZ DA SABEDORIA E COMUM A TODOS OS SÁBIOS

... comum a todos os que raciocinam...

10.28 AGOSTINHO. E então? Sabemos que existe a sabedoria e os sábios. Também sabemos que todos os homens desejam ser felizes. Contudo, como vemos que é assim? Não podemos duvidar que você vê que isso é verdadeiro. Mas você vê que assim é da mesma maneira que vê seus próprios pensamentos, os quais, se não me revela, eu ignoro? Ou você as compreende de tal maneira que também eu sou capaz de ver sua verdade, ainda que você não me diga nada?

EVÓDIO. Não duvido que você também possa ver a mesma verdade, mesmo que eu não queira.

AGOSTINHO. Mas sendo assim, a verdade que nós dois vemos, cada um com a sua própria inteligência, não é ela comum a ambos?

EVÓDIO. É evidente que sim.

AGOSTINHO. Acredito que você também não negará que devemos buscar a sabedoria. E que afirmará que isso é uma verdade.

EVÓDIO. Sem dúvida.

AGOSTINHO. E que essa afirmação é verdadeira e é comum a todos, de modo que todos os que a entendem a enxergam como tal, ainda que não a vejam com a minha mente ou com a sua ou de qualquer outro. Estando presente a todos, que a enxergam em comum, poderia ela ser negada?

Evódio. De maneira alguma.

Agostinho. Também me parece justo que o inferior esteja submetido ao superior e que o igual deva ser comparado ao seu igual. Da mesma forma, que se deve atribuir a cada um suas próprias coisas. Você considera isso ser verdade, tanto para mim quanto para você e para todos aqueles a quem essas afirmações estão presentes?

Evódio. Também a isso dou meu assentimento.

Agostinho. Da mesma forma, que o que não se corrompe é melhor que o que se corrompe, que o eterno é melhor que o temporal, que o inviolável é superior ao que pode ser violado. Quem poderá negar que assim seja?

Evódio. Quem?

Agostinho. Mas alguém poderia dizer que tais verdades são suas apenas, mesmo estando elas presentes a todos os que estejam em condições de as contemplarem?

Evódio. Ninguém poderia dizer que são suas apenas, já que são tão verdadeiras quanto comuns a todos.

Agostinho. Do mesmo modo, quem negaria que se deve apartar da alma do que é corruptível e convertê-la para o que é incorruptível? E que não devemos amar o que é corruptível, mas o que não é? E quem, ao confessar que a verdade existe, também não entenderia que ela é imutável e que se apresenta para ser contemplada por todas as inteligências que são capazes?

Evódio. Isso é o que há de mais verdadeiro.

Agostinho. E então? A vida que não se afasta, por nenhuma adversidade, do propósito correto e honesto, alguém poderia duvidar que é superior a que facilmente se corrompe e se modifica por causa dos incômodos corporais?

Evódio. Quem duvidará disso?

... e vive bem e honestamente

10.29 AGOSTINHO. Já não continuarei com as perguntas. É suficiente considerarmos que tais afirmações são como que regras e lâmpadas das virtudes verdadeiras e imutáveis, e que todas e cada uma delas estão presentes para serem contempladas por quem é capaz de as observar com a razão e a inteligência. E que tanto eu quanto você as vemos igualmente e admitimos que são corretíssimas. Contudo, lhe pergunto: isso parece lhe dizer respeito à sabedoria? Pois acredito que você considera que quem alcança a sabedoria é sábio.

EVÓDIO. Certamente assim considero.

AGOSTINHO. Mas então? Quem vive de modo justo poderia assim viver se não visse que o que é inferior deve se subordinar ao superior, bem como que o que é igual deve se unir ao que é igual, sabendo o que deve ser distribuído a cada um como sendo próprio?

EVÓDIO. Não poderia.

AGOSTINHO. Quem, pois, enxerga essas coisas, você negará que as enxerga sabiamente?

EVÓDIO. Não negarei.

AGOSTINHO. Mas então? Aquele que vive de modo prudente não escolhe o que é incorruptível e discerne que deve ser preferido ao que é corruptível?

EVÓDIO. É o que há de mais manifesto.

AGOSTINHO. Quando, pois, alguém faz essa escolha e assim orienta o seu ânimo em direção ao que ninguém duvida que é o que deve ser escolhido, você poderia negar que escolhe sabiamente?

EVÓDIO. Não negaria de nenhuma maneira.

AGOSTINHO. Quando ele então escolhe com sabedoria aquilo que orienta sua alma, com certeza se orienta sabiamente.

EVÓDIO. Isso é certíssimo.

Agostinho. E quem por nenhuma ameaça ou castigo se aparta daquilo que escolheu sabiamente, para o qual sabiamente se orienta, sem dúvida faz isso sabiamente.

Evódio. Sem dúvida.

Agostinho. Portanto, o que há de mais manifesto é que tudo aquilo que chamamos de regras e lâmpadas da virtude dizem respeito à sabedoria. Pois quanto mais alguém as utiliza para guiar a própria vida, tanto mais vive e age sabiamente. E não podemos dizer que o que se faz sabiamente está apartado da sabedoria.

Evódio. De fato, é assim.

Agostinho. Dessa forma, tal como são verdadeiras e imutáveis as regras dos números, cuja racionalidade e verdade está presente a todos os que a podem intuir e que é comum a eles, assim também existem regras verdadeiras e imutáveis da sabedoria. Quando, há pouco, lhe perguntei sobre algumas delas em particular, você me respondeu que eram verdadeiras e evidentes, e admitiu que estão presentes e são comuns, para serem contempladas, a todos os que são capazes de olhar para elas.

Capítulo 11
A sabedoria e o número são uma mesma coisa ou uma existe a partir da outra ou na outra?

O número é a própria sabedoria...

11.30 Evódio. Não posso duvidar disso. Mas você queria saber se existe um único gênero a conter a sabedoria e o número, já que havia se lembrado que as Sagradas Escrituras os colocavam em um mesmo plano, ou se um existiria por causa do outro ou se existe no outro: o número a partir da sabedoria na sabedoria, por exemplo. Com efeito, não ousaria dizer que a sabedoria existe a partir do número ou que subsiste no número. Pois conheci muitos calculadores, numeradores ou como queira chamá-los, pessoas que calculavam de modo excelente e admirável, mas sábios, conheci poucos, talvez nenhum. Por isso, a sabedoria sempre me pareceu mais venerável que o número.

Agostinho. Você está falando sobre algo que também costumava me causar admiração. Com efeito, quando considero comigo mesmo a verdade imutável dos números e a sua estância, santuário ou região – ou o que quer que seja um nome apropriado para isso – sou então transportado para longe do corpo. No entanto, ainda que consiga cogitar sobre tais assuntos, não consigo expressar tais cogitações satisfatoriamente com palavras. Assim, retorno, como que fatigado, para as nossas coisas usuais, de maneira que possa falar sobre elas, sobre aquilo que está diante dos nossos olhos, as coisas sobre as quais costumamos a falar.

Isso também acontece quando penso a respeito da sabedoria de maneira mais atenta e intensa de que sou capaz. Por isso, muito me admira que o número e a sabedoria se encontrem no santuário secreto e certíssimo da verdade – que se aproximam no testemunho das Escrituras que mencionei, que as coloca juntas. E me admiro ainda mais, como já disse, que o número seja tido como vil para a multidão dos homens, mas que seja valiosa a sabedoria.

É incontestável, no entanto, que o número e a sabedoria são uma mesma coisa, já que as Escrituras Sagradas falam da sabedoria que "alcança de um confim a outro com a fortaleza e que dispõe de todas as coisas com suavidade" (Sb 8,1). Talvez, a potência que, com fortaleza, perpassa de um confim ao outro seja o número, enquanto o que dispõe com suavidade de todas as coisas possa ser propriamente chamado de sabedoria. Assim sendo, ambas são uma mesma coisa.

... na natureza ordenada das coisas

11.31 Agostinho. Mas como Deus deu número a todas as coisas, mesmo as mais ínfimas, também os corpos, ainda que estejam no limite extremo dos seres, possuem os seus números. Mas Ele não deu o saber aos corpos, nem a todas as almas, mas somente às racionais, como se houvesse colocado nelas o seu trono, desde o qual dispõe de todas as coisas, também as mais ínfimas, às quais deu os números. Mas, já que julgamos com facilidade os corpos, por estarem ordenados como inferiores a nós, como discernimos neles impressos os números, por isso, consideramos os números como inferiores à sabedoria.

Mas quando começamos a retornar para o alto, encontramos ali números que transcendem as nossas mentes e que permanecem imutáveis em sua verdade. E como poucos têm a sabedoria, mas até mesmo aos estultos é concedida a capacidade de numerar, por isso os homens admiram a sabedoria e desprezam os números. Contudo, os doutos e estudiosos, quanto mais se afastam da impureza da terra, tanto mais intuem como uma mesma coisa o número e a sabedoria e tanto mais apreciam a ambos. E em comparação com essa verdade, o ouro, a prata e outras coisas pelas quais os homens combatem – e também eles mesmos, lhe parecem vis.

O número e a sabedoria são para a própria verdade...

11.32 AGOSTINHO. Assim, não se admire se os homens desprezam o número e tenham em alta conta a sabedoria, pois é mais fácil numerar que saber, já que se percebe que também valorizam mais o ouro que a luz da lâmpada, ainda que, comparado com ela, ele seja risível. O ouro é mais honrado, ainda que seja muito inferior, porque a lâmpada até um mendigo possui e a acende, mas o ouro, poucos o possuem. Da mesma maneira, a sabedoria em geral está ausente e, por isso, considera-se que o número lhe é inferior, ainda que os dois sejam uma mesma coisa. A sabedoria, contudo, pede olhos que a possam ver.

Assim como em um fogo, por assim dizer, a luz e o calor são consubstanciais, e não podem ser separados, o calor só alcança o que está perto, enquanto a luz se difunde mais amplamente. Da mesma maneira, a potência da inteligência, na qual está a sabedoria, esquenta os que estão mais próximos, as almas racionais. E as coisas mais remotas, os corpos, não são atingidos pelo calor da sabedoria, mas são inundados pela luz dos números.

Talvez isso lhe pareça obscuro, mas não há uma similitude visível que possa captar de maneira mais convincente o invisível. Considere somente isto, que é suficiente para a questão que nos propusemos e que é evidente às inteligências mais humildes como as nossas: ainda que não esteja claro se o número está na sabedoria ou se provém dela, se a sabedoria procede do número ou se está no número ou ainda se um e outro nome significam uma mesma coisa, certamente nos é manifesto que ambos são verdadeiros e verdadeiros de maneira imutável.

Capítulo 12
A verdade é una e imutável em todos os seres e é superior à nossa mente

... que é comum a todos os que veem verdadeira e sinceramente...

12.33 Agostinho. Assim, você não pode negar que existe uma verdade imutável que contém todas as coisas que são verdadeiras de maneira imutável. Você não pode afirmar que é sua, minha ou de outro homem. De um modo admirável, ela se faz presente e se oferece, por meio de uma luz ao mesmo tempo secreta e pública, a todos os que raciocinam e são capazes de a compreender. Pois quem dirá que tudo o que está presente em comum a todos os seres racionais e inteligentes pertence à natureza de algum deles em particular?

Você se lembra, assim penso, do que dizíamos antes a respeito dos sentidos do corpo: que o que tocamos com o sentido dos olhos ou dos ouvidos, tal como as cores e os sons, que eu e você vemos ao mesmo tempo ou ao mesmo tempo ouvimos, não pertence à natureza dos nossos olhos e ouvidos, mas são percebidos em comum por nós dois. Assim também aquilo que eu e você em comum percebemos, cada um com a própria inteligência, ninguém dirá que pertence a natureza da mente de algum de nós. Pois o que simultaneamente veem os olhos de duas pessoas não se pode dizer que pertence aos olhos de um ou de outro, mas que é uma terceira coisa, para qual se converte a visão de cada um.

EVÓDIO. Isso é bastante claro e verdadeiro.

... e é melhor para nossa mente

12.34 Mas sobre essa verdade, da qual já estamos falando há muito tempo, na qual, sendo ela uma só, vemos tantas coisas: você a considera superior à nossa inteligência, igual ou inferior a ela?

Se fosse inferior, não julgaríamos por meio dela, mas a julgaríamos, tal como julgamos os corpos, que nos são inferiores. Com efeito, dizemos frequentemente que são ou não são de uma determinada maneira, bem como que deveriam ou não deveriam ser de uma determinada maneira. E no que diz respeito à nossa alma, não apenas entendemos como ela é, mas, muitas vezes, como ela devia ser.

Com relação aos corpos, de fato, os julgamos quando dizemos coisas como: é menos branco do que deveria, menos quadrado, etc. E a alma: é menos apta do que deveria, menos suave, menos veemente, tudo isso segundo a razão de nossos costumes. Entretanto, julgamos essas coisas segundo normas interiores da verdade, as quais distinguimos em comum, mas não julgamos essas normas. Assim, quando alguém diz que as coisas eternas são superiores às temporais ou que sete mais três são dez, ninguém afirma que de fato deveria ser assim, mas somente sabe que assim é. E não as corrige como um examinador, mas se alegra como alguém que as descobre.

No entanto, se essas verdades fossem iguais às nossas mentes, elas seriam mutáveis. É que as nossas mentes entendem às vezes mais, às vezes menos e, por isso, se confessam mutáveis. Mas a sabedoria, permanecendo em si, nem aumenta quando é mais percebida, nem diminui quando menos. Mas, inteira e incorrupta, alegra com a sua luz os que para ela se voltam e castiga com a cegueira os que dela se afastam.

E o que significa que julgamos as nossas próprias mentes segundo ela, quando de modo nenhum podemos julgá-la? Com efeito, dizemos: essa pessoa compreende menos do que deveria ou compreende tanto quanto deveria. Por outro lado, tanto mais a mente compreende quanto mais consegue se aproximar da verdade imutável e a ela aderir. Por isso, se essa verdade não é inferior a nós, nem igual, só nos resta afirmar que ela é superior e mais excelente.

CAPÍTULO 13
EXORTAÇÃO A ABRAÇAR A VERDADE QUE É A UNA QUE NOS FAZ FELIZ

O que cada um pensa a respeito da vida feliz

13.35 Eu lhe havia prometido, se me recordo, que faria a demonstração da existência de algo mais sublime que a nossa mente e razão. Aqui está: trata-se da própria verdade. Abraça-a, se é capaz, e aproveite-a, alegrando-se no Senhor, pois Ele lhe dará o que pede o seu coração (Sl 36,4). Mas o que você pede além da felicidade? E quem é mais feliz que aquele que frui da verdade firme, imutável e excelentíssima?

Os homens clamam que são felizes quando abraçam os belos corpos que desejam com grande paixão, seja da esposa, seja de uma meretriz. E nós duvidaríamos que somos felizes quando abraçamos a verdade? Os homens clamam que são felizes quando, no calor, com o rosto já seco, encontram uma fonte abundante ou ainda, tendo fome, encontram comida ou uma ceia bem temperada e abundante. E nós negaremos que somos felizes quando somos saciados em nossa sede e alimentados pela verdade? Costumamos a ouvir as vozes dos que afirmam serem felizes entre rosas e outras flores, fruindo dos perfumes mais aromáticos. Mas o que é mais perfumado e agradável que a inspiração da verdade? E nós duvidaríamos em dizer que somos felizes se somos inspirados por ela? Muitos estabelecem para si mesmos que a vida feliz está em cantos, sons da lira e da tíbia e, assim, quando elas lhe faltam, se julgam miseráveis, mas quando estão presentes, pulam de alegria. E nós, quando em nossa mente, sem som algum de cantos, estamos, por assim dizer, no silêncio eloquente da verdade, buscaríamos nós outra vida feliz e gozaríamos de alguma outra coisa tão certa e presente? A luz do ouro e da prata, a luz das pedras preciosas, as cores e a própria luz que ilumina os olhos, proceda ela do fogo que está na terra ou das estrelas, da lua ou do sol, deleitando os homens com sua claridade, não os faz se considerarem felizes se nenhuma moléstia ou indigência os chama de volta? Não querem eles viver assim para sempre? E nós? Teríamos medo de colocarmos nessa luz da verdade a vida feliz?

O bem supremo está na própria verdade

13.36 Pelo contrário: como é na verdade que conhecemos e possuímos o sumo bem, e como a verdade é a própria sabedoria, que nós a conheçamos, encontremos o sumo bem e dele fruamos – pois é feliz quem dele frui! É por meio da verdade que compreendemos quais são os bens verdadeiros. E, segundo o que os homens dela captam, assim escolhem algum ou muitos desses bens, de modo que deles possam fruir.

Existem aqueles que, sob a luz do sol, escolhem o que observar, alegrando-se nesta visão. Também existem aqueles, providos talvez de olhos mais vigorosos, saudáveis e potentes, que nada percebem com mais prazer que o próprio sol, que ilumina tudo aquilo que deleita os olhos mais fracos. Da mesma forma, quando a inteligência forte e vigorosa observa com a razão correta muitas coisas verdadeiras e imutáveis, ela se dirige então para a própria verdade, na qual estão todas essas coisas, e ligando-se a ela, esquecendo-se de todo o resto, é capaz de fruir de todas elas. Pois o que houver de agradável no que é verdadeiro, certamente é agradável por meio da própria verdade.

... que nos liberta...

13.37 Esta é a nossa liberdade: que nos submetamos à verdade. Ela é nosso Deus, que nos liberta da morte, isto é, do pecado.

A verdade se fez homem e, falando aos homens, disse aos que acreditaram: "se permanecerem em minha palavra, serão verdadeiramente meus discípulos, conhecerão a verdade e a verdade vos libertará" (Jo 8,31-32). Pois a alma nada frui com liberdade a não ser aquilo que frui em segurança.

Capítulo 14
A verdade se possui com segurança

14.37 Ninguém tem segurança com bens que podem ser perdidos contra a própria vontade. Contudo, a verdade e a sabedoria não podem ser perdidas contra a própria vontade, pois ninguém pode se separar delas localmente. Quando falamos em separar-se da vontade e da sabedoria, trata-se da perversão de uma vontade que ama o que é inferior. Pois ninguém quer algo que não queira.

Temos, pois, algo que todos podem fruir igualmente e em comum, algo que não tem restrições ou defeitos. E aqueles que amam a sabedoria não tem inveja, pois ela é comum a todos e pura para cada um. Ninguém diz para o outro: retira-te para que eu possa me aproximar, afasta a mão para que eu também a abrace. Todos se ligam a ela, todos a tocam, seu alimento não se divide em partes e não há nada que você beba que esteja nela que eu também não possa beber. Nada que se encontre em tal comunhão se transforma em algo privado, mas o que você toma dela permanece íntegro para mim. Não preciso esperar que o que lhe inspira retorne para que também eu possa ser inspirado. Nada dela se torna posse de uma ou várias pessoas, mas é sempre comum a todos.

... e está presente em todos

14.38 Menos semelhantes à verdade são aquelas coisas que tocamos, degustamos e cheiramos. Mais semelhantes as que ouvimos e vemos, pois toda palavra que é ouvida o é por todos e, ao mesmo tempo, por cada um. E toda forma que se aproxima dos olhos é vista por um e por outro homem. Contudo, tais semelhanças são imperfeitas: nenhuma voz soa inteira ao mesmo tempo, mas se estende no tempo, soando uma parte antes e outra depois; a forma é visível na medida que se espalha, mas não está ela toda em toda parte.

Além disso, todas as coisas podem nos ser retiradas contra nossa vontade e, assim, não podemos fruir delas quando as dificuldades nos impedem. Se existisse um certo canto suave e duradouro, em direção ao qual aqueles que se interessassem pudessem se aproximar com avidez para ouvi-lo, quanto mais fossem essas pessoas, quanto mais próximos estivessem dele, mais disputariam o lugar para que estivessem ainda mais próximos do cantor. E ouvindo-o, não poderiam reter nada, mas seriam tocados pelas vozes que, em seguida, fugiriam. Do mesmo modo, se quisessem observar o sol e se pudessem fazer isso por muito tempo, ainda assim, no ocaso, ele desapareceria ou então se ocultaria sob uma nuvem. E poderiam existir ainda muitos outros obstáculos que nos impediriam, contra a nossa vontade, de vê-lo. E, mesmo que a suavidade da luz que se vê e da voz que se ouve sempre nos estivesse presente, que grande coisa isso seria, já que tais sensações nos são comuns com os animais selvagens?

Mas a beleza da verdade e da sabedoria, enquanto persistir a vontade de fruirmos dela, não seremos impedidos nem por uma multidão de ouvintes, nem dispersados pelo tempo. Ela não muda de lugar, não se interrompe pela noite, não se oculta pelas sombras, não se subordina aos sentidos do corpo. Está próxima a todos os que a amam e para ela se voltam. É duradoura para todos. Não está em lugar algum e nunca está ausente. Exorta-nos no exterior e no interior nos ensina. Torna melhor todos os que a percebem e não torna ninguém pior. Ninguém a julga, mas ninguém pode sem ela julgar. Por isso, é manifestamente superior às nossas inteligências, as quais, por meio dela, se tornam sábias, cada uma delas, sem julgá-la e, por meio dela, julgando todas as coisas.

CAPÍTULO 15
A EXISTÊNCIA DE DEUS É CONHECIDA COM CERTEZA A PARTIR DO RACIOCÍNIO EXPLICITADO

Deus existe e Ele, o próprio Deus, é a verdade suprema

15.39 Você havia me dito que, se eu conseguisse lhe mostrar algo superior à nossa inteligência, você confessaria que seria Deus, se não houvesse algo ainda superior. Aceitei o que me havia me concedido, que era suficiente demonstrar isso. Com efeito, se algo ainda mais excelente existe, será esse algo precisamente Deus, mas, se não há, a própria verdade é Deus. Assim, existindo ou não algo mais excelente, você não pode negar: Deus de fato existe, o que era a questão sobre a qual discutíamos. E se lhe causa admiração que, por meio da sacrossanta doutrina de Cristo, que recebemos pela fé, Deus é o pai da Sabedoria, lembre-se também que aceitamos pela fé que a Sabedoria é igual ao Pai Eterno e que foi gerada por Ele. Assim, não há nada mais a ser investigado aqui, mas apenas a ser retido por uma fé inquebrantável.

Deus existe e existe de maneira verdadeira e suprema. E, segundo penso, não é apenas pela fé que tomamos isso como algo indubitável, mas podemos alcançar essa verdade, ainda que de maneira débil, com o nosso entendimento. De qualquer modo, já é suficiente para os nossos propósitos, de modo que possam ser explicitadas as demais coisas que nos concernem, a não ser que você tenha algo a opor.

EVÓDIO. Aceito tudo isso, inundado de uma inacreditável alegria, que não consigo explicar com palavras, e clamo que você está certíssimo – clamo com aquela voz interior que desejo que seja ouvida pela própria verdade e que se una a ela. Pois admito que tal união não é apenas um bem, mas o bem supremo e beatífico.

A sabedoria é inseparável da própria mente

15.40 AGOSTINHO. Você está certo. Também muito me alegro. Mas, eu lhe pergunto, já somos sábios e felizes? Ou ainda apenas caminhamos nessa direção, de modo que um dia possamos alcançá-la?

Evódio. Considero que estamos caminhando.

Agostinho. Mas como você é capaz de compreender essas coisas, cuja verdade e certeza você afirma que lhe causam alegria e que admite pertencerem à sabedoria? Ou alguém que não sabe pode conhecer a sabedoria?

Evódio. Enquanto é insensato, isso não é capaz.

Agostinho. Se assim for, ou você já é sábio ou ainda não conhece a sabedoria.

Evódio. Não sou ainda sábio, mas não digo que seja um ignorante, na medida em que conheço a sabedoria. Pois as coisas que conheço são certas e não posso negar que dizem respeito à sabedoria.

Agostinho. Diga-me então, eu lhe pergunto: você não afirma que o que não é justo é injusto? Que o que não é prudente é imprudente? Que o que não é temperante é intemperante? Ou você duvida dessas coisas?

Evódio. Confesso que o homem, quando não é justo, é injusto e, a respeito do prudente e do temperante, respondo da mesma forma.

Agostinho. Por que então quando alguém não é sábio, tampouco é ignorante?

Evódio. Também admito que quando alguém não é sábio, é ignorante.

Agostinho. E você, o que é?

Evódio. Pode me chamar como quiser, pois ainda não ouso a me chamar de sábio. No entanto, a partir do que admiti, vejo que se segue que não posso hesitar em chamar a mim mesmo de ignorante.

Agostinho. O ignorante, portanto, conhece a sabedoria. Pois, como já foi dito, não estaria certo em querer ser sábio nem saberia que isso é conveniente, se não estivesse presente à sua inteligência a noção de sabedoria e das coisas que dizem respeito a ela, cada uma daquelas sobre as quais discutimos e cujo conhecimento lhe causaram alegria.

Evódio. É assim como você diz.

Capítulo 16
A sabedoria se mostra no caminho dos que a buscam com afinco através dos números impressos nas coisas

A sabedoria se mostra aos que buscam

16.41 Que, pois, fazemos quando nos empenhamos em ser sábios? Nada a não ser, na medida em que podemos, com ardor, à sabedoria, a quem tocamos com a inteligência, unirmos, de alguma maneira, toda a nossa alma e estabelecê-la ali, fixando-a de modo estável, de modo que não se alegre com suas próprias coisas, estas que se ligam às coisas efêmeras. E, despojada de todas as afecções com relação ao que está sujeito ao tempo e ao lugar, que ela conheça aquilo que é uno e que sempre é. Pois, assim como a alma é a vida do corpo, Deus é a vida feliz da alma. Enquanto isso, até que o alcancemos, estamos no caminho. Mas já nos é concedido nos alegrarmos com os bens verdadeiros e certos, ainda que, para nós que estamos neste caminho escuro, eles tenham um brilho tremulante.

E é isto que as Escrituras dizem que a Sabedoria faz com aqueles que a amam, quando se dirigem a ela e a buscam: "nos caminhos se mostra alegremente e com toda providência vai ao encontro deles" (Sb 6,17). Aonde quer que você vá, ela se dirige a você por meio dos vestígios que imprimiu em suas obras. Quando você se volta ao amor das coisas exteriores, ela lhe chama novamente ao interior por meio das próprias formas exteriores, de modo que tudo aquilo que lhe causa deleite por meio do corpo e que te cativa por meio dos sentidos do corpo, você acaba por compreender que se fundamenta nos números. E, investigando qual a origem deles, você acaba por voltar-se a si mesmo e a compreender que tudo aquilo que lhe chega pelos sentidos não pode ser julgado, aprovado ou desaprovado, a não ser que, junto a você, existam certas normas de beleza, às quais você refere tudo aquilo que percebe ter beleza exterior.

O número está presente nos corpos...

16.42 Contemple o céu, a terra e o mar, tudo que neles brilha ao alto, rasteja abaixo, voa ou nada. Tudo é belo porque tudo tem número. Retira o número e não haverá mais nada. Pois, de onde é a sua origem se não onde está a origem do número, já que tanto tudo possui o seu ser na medida em que possui o número? E os homens que são artífices de coisas belas? Não têm eles o número em sua arte, segundo os quais executam sua obra? Por muito tempo movem suas mãos e os instrumentos que usam para realizar suas obras, de modo que no exterior se forme algo que tenha relação com o que, no interior, é a luz dos números. E assim, tanto quanto possível, alcançam a perfeição de sua obra e agradam, por meio dos sentidos, o juízo interno que contempla os números. Em seguida, procura o que move os membros do artífice: será o número, pois se movem segundo o número.

E se retiramos das mãos a obra e da alma a intenção de fabricá-la, movendo os membros por puro deleite, isto será chamado de dança. Mas procuremos o que causa deleite na dança. O número lhe responderá: aqui estou. Veja então a beleza de um corpo esculpido: os números ali têm seu lugar. Veja a beleza do movimento do corpo: os números atuam no tempo. E nos voltemos para a arte de onde procede esses movimentos: ela não está em um tempo ou em um lugar, mas o número está ali. Sua região não é o espaço, nem sua idade a dos dias. Aqueles que desejam ser artistas, contudo, quando aprendem sua arte, movem seus corpos segundo o tempo e o lugar, enquanto a alma apenas segundo o tempo, pois sua habilidade aumenta com o tempo.

Mas superemos também a alma do artífice e vejamos os números perpétuos. Ali então a sabedoria brilhará em seu assento interior, no próprio santuário da verdade. E se isto repele a sua visão débil, voltemos os olhos da inteligência para o caminho que contemplávamos com alegria. Mas não deixemos de nos lembrar que adiamos uma visão que poderemos retomar quando estivermos mais fortes e sãos.

... e a própria sabedoria...

16.43 Ai daqueles que a abandonam, você que é nossa guia, e se extraviam de seus caminhos! Que amam seus rastros em vez de amar você mesma e que esquecem o caminho que você indica, ó luz suavíssima, sabedoria da alma purificada! Você que não cessa de nos indicar quem e quão grande você mesma é! Seus rastros são o esplendor das criaturas.

O artífice está de algum modo a indicar ao espectador de sua obra a sua própria beleza, exortando-o a não permanecer ali, mas, percorrendo com os olhos a forma do que plasmou, a direcionar seus afetos para quem a fez. Os homens que amam o que você fez em vez de você mesma são como aqueles que, ao ouvir um sábio eloquente, ouvem avidamente a suavidade de sua voz e as estruturas das sílabas bem arrumadas, mas perdem o essencial de seus pensamentos, a respeito dos quais as palavras soam apenas como signos.

Ai dos que se afastam de sua luz e se ligam à doçura da própria obscuridade! Como se lhe voltassem as costas, ligam-se a própria sombra. Mas também ali o que os deleita tem o esplendor de sua luz! A sombra, quando é amada, faz os olhos da alma mais débeis, mais incapazes de alcançar sua visão. Por isso, cada vez mais, o homem se faz trevas quando segue deliberadamente o que sua debilidade acolhe. Começa a não conseguir mais ver o que é elevado, a não considerar um mal o que engana sua imprudência, o que seduz sua indigência, o que atormenta sua prisão, ainda que sofra tudo isso de forma merecida por ter se afastado – e não pode ser um mal aquilo que é justo.

... na forma ordenada das coisas

16.44 Se você não pode observar com os sentidos do corpo o que está sujeito à mudança, nem captar pela consideração da alma, a não ser quando possui uma forma numérica, sem a qual tudo volta ao nada, não queira duvidar que existe uma forma imutável e eterna. E, por isso, essas coisas mutáveis não são interrompidas, mas, com movimentos mensuráveis, em uma variedade distinta de formas, continuam na sucessão dos tempos, como os versos de um poema. E essa forma não está contida em um lugar, como que espalhada por ele, nem se prolonga ou se altera no tempo. São as coisas corpóreas que dela se valem para se formarem segundo sua espécie, enchendo e percorrendo os números dos lugares e tempos.

Capítulo 17
Todo bem e perfeição existem a partir de Deus

Tudo é governado pela providência...

17.45 Tudo o que é mutável deve poder receber alguma forma: tal como dizemos que o mutável é o que pode mudar, eu chamaria de formável o que pode receber uma forma. Mas nada pode formar-se a si mesmo, pois nada pode dar a si mesmo o que não tem. Por isso, para ter uma forma, deve ser formado por algo. Tudo o que tem forma não precisa receber o que já tem e, se não tem forma, não pode receber de si mesmo o que não tem. Nada, como já disse, pode formar a si mesmo. E o que mais a respeito do movimento dos corpos e da alma poderemos dizer? Já foi dito o suficiente. Assim, estabeleçamos que o corpo e a alma são formados por uma forma imutável e perene.

Por isso, foi dito: essas coisas mudarão e serão transformadas, mas você é o mesmo e os seus anos não o abandonarão (Sl 101, 27-28). O dito profético estabeleceu como eternidade os anos sem abandono. E desta mesma forma, foi dito que, permanecendo em si mesma, renova todas as coisas (Sb 7,27), a partir do que também se compreende que a Providência governa todas as coisas. Pois tudo o que existe, retirada a forma, nada seria. Dessa maneira, a própria forma imutável, pela qual as coisas mutáveis subsistem todas juntas, sendo preenchidas por ela e percorrendo o número de suas formas, essa é a sua Providência. Pois não existiriam se ela não existisse. Assim, aquele que considera e contempla a criação universal, seja ele quem for, percorre o caminho da sabedoria, percebe que ela se mostra alegremente no caminho e que vai em seu encontro com toda a sua providência. E se torna tão mais ardoroso em percorrer este caminho quanto mais percebe que ele se torna belo por meio da sabedoria, junto da qual deseja chegar.

... por isso todos os bens vêm de Deus

17.46 Contudo, se você encontrar algum outro gênero de criatura além dos que já mencionamos – o que existe e não vive; o que existe e vive, mas não entende; o que existe, vive e compreende, então ouse dizer que existe algum bem que não venha de Deus.

Esses três gêneros podem ser agrupados segundo dois nomes: corpo e vida. Aqueles que vivem e não compreendem, os animais, e aqueles que compreendem, o homem, podem ser indicados de maneira correta com a palavra vida. O corpo e a vida foram destinados às criaturas e sobre o Criador se diz que ele é a vida e a vida por excelência. Mas, como essas duas criaturas, o corpo e a vida, dependem da forma, como concluímos anteriormente, e como, se a perdessem, voltariam ao nada, fica claro que elas vivem a partir da forma e que essa forma existe sempre do mesmo modo. Por isso, tudo o que é bom, seja grande ou pequeno, apenas existe por causa de Deus. Pois, o que é o superior entre as criaturas se não aquelas que compreendem? E o que é menor que o corpo?

Ainda que todas elas possam se deteriorar e tender ao não ser, no entanto, alguma forma ainda permanece nelas, para que existam de alguma maneira. Mas qualquer forma que permaneça em alguma coisa deteriorada procede daquela forma que não conhece deterioração. E o movimento de tais coisas, quando se deterioram ou quando melhoram, não permite que se ultrapasse as leis dos números. Por isso, tudo aquilo que percebemos como louvável na natureza das coisas, seja o que só pode exiguamente ser louvado, seja o que o pode ser largamente, devemos ligar ao louvor excelentíssimo e inefável ao Criador, a não ser que você tenha algo a dizer em contrário.

Capítulo 18
A vontade livre é um bem?

A vontade é um bem...

18.47 Evódio. Admito que estou suficientemente persuadido e que é evidente, na medida em que isso é possível para pessoas como nós, que Deus existe e que dele vem todos os bens. Também que tudo o que existe, seja aqueles seres que compreendem, vivem e existem ou os que somente vivem e existem ou ainda os que somente existem, todos eles só existem a partir de Deus. Mas vejamos então a terceira questão, como ela pode ser analisada: pode a vontade livre ser contada como um bem? Se isso for demonstrado, admitirei que nos foi dada por Deus e que nos foi dada de maneira oportuna.

Agostinho. Você bem se lembra do que propomos e, atento, percebeu que a segunda questão já foi abordada. Mas você deveria ter percebido que também a terceira questão já está resolvida. Você havia afirmado que o livre-arbítrio da vontade não deveria ter nos sido dado, já que é por ele que pecamos. Então, quando respondi à sua afirmação de que não se pode agir retamente a não ser pelo livre arbítrio da vontade, asseverei que ele nos foi dado por Deus precisamente por isso. Você me respondeu que a vontade livre deveria ter nos sido dada tal como a justiça nos foi dada, de maneira que não possa ser utilizada a não ser retamente. Sua resposta então nos forçou a fazer alguns rodeios em nossa discussão, nos quais provamos que os maiores e os menores bens só existem a partir de Deus.

Mas isso não poderia ter sido demonstrado claramente se antes não tivéssemos nos detido nos argumentos que construí, na medida em que tenho alguma capacidade em tão grande assunto e que fui auxiliado por Deus em um caminho tão perigoso. Esses argumentos apontaram contra a opinião ímpia e estulta que faz com que o néscio afirme em seu coração: não há Deus (Sl 13,1). E essas duas verdades, que Deus existe e que todo bem existe através dele, ainda que as tenhamos por uma fé inquebrantável, foram defendidas por argumentos, de maneira que também essa terceira verdade, que entre os bens está a vontade livre, tornou-se evidente.

... que às vezes usamos mal

18.48 Já na discussão anterior, explicitamos e admitimos que a natureza do corpo é inferior à da alma e que, por isso, a alma é um bem maior que o corpo. Se, pois, entre os bens do corpo encontramos algo que pode não ser usado retamente pelo homem, isso não indica, entretanto, que não deveria nos ter sido dado, já que admitimos que são bens. Dessa maneira, por que seria admirável se na alma também existissem certos bens que poderíamos não usar de modo reto? Mas, sendo bens, não poderiam nos ter sido dados a não ser por Ele, a partir de quem existem todos os bens.

Veja quanto falta em um corpo no qual faltam as mãos. No entanto, as mãos são mal utilizadas por aqueles que praticam atos cruéis ou torpes. E se você visse alguém sem os pés, confessaria que falta um bem à integridade de seu corpo. Contudo, você não negaria que utiliza mal os pés aquele que os utiliza para prejudicar alguém ou desonrar a si mesmo. Com os olhos vemos a luz e distinguimos as formas do corpo. Eles são o que há de mais esplêndido no corpo e, por isso, foram colocados em um lugar de exaltada dignidade. Para conservar a saúde e para termos muitas comodidades na vida, usamos os olhos. Entretanto, muitos praticam atos torpes por meio dos olhos, que os levam a servir à paixão desordenada. Mas veja quanto falta ao rosto se faltam os olhos! E quando estão presentes, quem os deu a nós a não ser Deus, o distribuidor de todos os bens?

Mas, se você concede isso ao corpo, sem olhar para aqueles que o usam mal, louvando Ele que nos deu todos esses bens, também no que diz respeito à vontade livre, sem a qual ninguém pode viver retamente, deveríamos considerá-la um bem e um dom divino, admitindo que devemos condenar os que a usam mal, em vez de afirmar que Ele que a deu para nós não deveria nos tê-la dado.

... e, no entanto, continua sendo um bem

18.49 Evódio. Mas antes, queria que você me provasse que a vontade livre é um bem. Então, eu lhe concederia que foi dada por Deus, pois admito que todos os bens existem a partir de Deus.

Agostinho. Mas já não lhe provei isso com grande esforço, quando você admitiu que toda forma e figura do corpo subsiste por meio da forma de todas as coisas, isto é, da própria verdade, e que por isso são um bem? E que até nossos cabelos estão contados, como diz a própria Verdade no Evangelho (Mt 10,30)? Você esqueceu tudo o que dissemos sobre a supremacia do número e sua potência que vai de um confim ao outro do mundo? E que tamanha perversidade seria contar os nossos cabelos, ainda que ínfimos e inferiores, entre os bens, não sendo possível encontrar quem não os atribua a Deus, criador de todos os bens, os maiores e os menores, e duvidar da vontade livre, sem a qual aceitamos que não se pode viver retamente, nem mesmo os que vivem da pior maneira possível? Eu lhe pergunto: o que parece ser o que há de melhor em nós, aquilo sem o que não se pode viver retamente ou aquilo sem o que é possível assim viver?

Evódio. Tenha piedade, eu lhe peço! Envergonho-me da minha cegueira. Quem duvida que de longe o melhor é aquilo sem o que nenhuma vida pode ser reta?

Agostinho. Você negará então que um homem caolho possa viver retamente?

Evódio. Longe de mim tamanha estupidez.

Agostinho. Mas se você aceita que o olho é um bem para o corpo e que, se perdido, isso não é um empecilho para que se viva retamente, a vontade livre, sem a qual não se pode viver retamente, não lhe parece um bem?

Os bens não são do mesmo gênero

18.50 Considera a justiça, que ninguém pode usar mal. Ela é contada entre os maiores bens do homem, assim como as demais virtudes da alma, pelas quais se constitui a vida reta e honesta. E nem a prudência, a fortaleza, a temperança alguém pode usar mal. Nelas todas, tal como na própria justiça, como você havia lembrado, a reta razão impera, sem a qual as virtudes não podem existir. E ninguém pode usar mal a reta razão.

Capítulo 19
Bens grandes, mínimos e médios – a liberdade está no meio

19.50 Estes são os nossos grandes bens. Mas convém lembrar que não apenas os grandes, mas também os menores bens não podem existir a não ser a partir daquele segundo o qual todos os bens existem, isto é, Deus. A discussão anterior nos persuadiu disso, o que você aceitou alegremente tantas vezes. As virtudes, pelas quais se vive retamente, são grandes bens, a beleza dos corpos, sem as quais se pode viver retamente, são bens mínimos, e as potências da alma, sem as quais não se pode viver retamente, são bens intermediários. Ninguém pode usar mal as virtudes. Os outros bens, tanto os intermediários quanto os mínimos, podem ser usados bem ou mal. Ninguém, entretanto, ao usá-los bem, os usa mal. A abundância e grandeza da bondade de Deus nos concedeu não apenas os maiores, mas também os bens intermediários e mínimos. Devemos louvar mais a sua bondade por causa dos grandes bens que pelos intermediários e mais por causa dos intermediários que pelos mínimos. Mas devemos louvá-la ainda mais por todos eles do que o louvaríamos se não nos houvesse dado todos.

Se a vontade for bem usada...

19.51 Evódio. Estou de acordo. Mas a questão pode ser formulada assim: já que estamos tratando da vontade livre e percebemos que ela usa as demais coisas de maneira boa ou má, como pode ela mesmo ser contada entre os bens que usamos?

Agostinho. Da mesma maneira como tudo o que conhecemos por meio da ciência conhecemos por meio da razão e, ainda assim, a própria razão é enumerada entre as coisas que conhecemos pela própria razão! Ou você se esqueceu que, quando investigávamos o que conhecemos pela razão, você aceitou que é pela razão que conhecemos a própria razão? Não queira, assim, admirar-se se usamos as outras coisas pela vontade livre e que também usamos a vontade livre por meio dela mesma, de modo que a vontade que usa as outras coisas é também usada por ela mesma, tal como a razão conhece a si mesma e é ela também que conhece as demais coisas.

E a memória abarca não apenas tudo o que nós lembramos, mas também, já que não nos esquecemos que temos memória, a própria memória. Ela tem de alguma maneira a si mesma em nós, já que se lembra não apenas das outras coisas, mas de si mesma, ou melhor, nós nos lembramos das demais coisas e dela mesma por meio dela mesma.

... ela própria é sabedoria e vida feliz...

19.52 Quando a vontade, que é um bem intermediário, se une ao bem imutável, comum a todos – e não próprio a cada um, tal como a verdade, sobre a qual discorremos longamente, ainda que não tenhamos falado nada que seja digno dela – o homem possui a vida feliz. E a própria vida feliz, isto é, os afetos da alma unidos ao bem imutável, este é o bem próprio e principal do homem. Nele estão todas as virtudes, que ninguém pode usar mal. Contudo, ainda que a felicidade seja um grande bem, o primeiro para o homem, devemos entender que é um bem próprio a cada um dos homens, não comum a todos eles: a verdade e a sabedoria, comum a todos, fazem todos sábios e felizes, quando nos unimos a ela, mas a felicidade de um homem não faz outro homem feliz. E mesmo quando um homem imita outro para que também seja feliz, ele deseja se tornar feliz por meio das mesmas ações que o outro realizou, ou seja, por meio da verdade imutável e comum. Da mesma maneira, nenhum homem se torna prudente por meio da prudência do outro, nem forte pela fortaleza alheia, ou temperante por outra temperança ou justo pela justiça de outro. Mas adquire tudo isso ao conformar a alma às regras imutáveis e às luzes da virtude, que vivem incorruptivelmente na própria verdade e na sabedoria que a todos é comum, do mesmo modo que o homem que ele imita, modelo dessas virtudes, conformou-se a elas e nelas a sua alma fixou.

... da qual às vezes nos afastamos

19.53 A vontade, ao aderir ao bem comum e imutável, obtém os mais importantes e maiores bens para o homem, ainda que ela mesma seja um bem intermediário. Por outro lado, peca a vontade que se afasta do bem imutável e comum e se volta para seu bem próprio, exterior ou inferior. Ela se volta ao seu próprio bem quando quer ser de si mesma e ao exterior, quando busca conhecer os bens próprios dos outros ou qualquer outra coisa que não lhe diz respeito. E se volta ao inferior, quando ama a volúpia do corpo. Dessa maneira, o homem soberbo, curioso e lascivo ingressa em uma outra vida que, em comparação com a vida anterior, é morte. Mas até uma tal vida é governada pela Providência divina, que ordena todas as coisas em seus lugares apropriados e distribui a cada um o que lhe cabe segundo seus méritos.

Assim, nem os bens que são desejados pelos pecadores são males, nem o é a vontade livre, que descobrimos dever ser contada como um bem intermediário. O mal está em afastar-se do bem imutável e converter-se aos bens mutáveis. E tal afastamento e conversão, por não serem forçados, mas voluntários, trazem de maneira justa o castigo da miséria.

Capítulo 20
O MOVIMENTO PELO QUAL A VONTADE SE APARTA DO BEM IMUTÁVEL NÃO PROCEDE DE DEUS

O bem vem de Deus, os defeitos vêm de nós

20.54 Talvez você se pergunte o que move a vontade quando ela se afasta do bem imutável para ir em direção ao bem mutável, e por que tal mudança acontece. Trata-se certamente de um mal, ainda que seja livre a vontade e que ela, já que sem ela ninguém pode viver retamente, deva ser contada como um bem. E se esse movimento, isto é, afastar-se da vontade do Senhor Deus, é sem dúvida um pecado, poderíamos dizer então que Deus é o autor do pecado? Pois se tal movimento não existisse a partir de Deus, como poderia existir? Se você me pergunta a esse respeito, se lhe disser que não sei, talvez lhe entristeça. Contudo, falarei a verdade, pois não posso conhecer o que não é nada.

Você acredita, por uma piedade inabalável, que nenhum bem, dos sentidos, da inteligência ou dentre os que vêm de algum modo ao pensamento, não podem existir senão a partir de Deus. Tudo o que você vê em que existe medida, número e ordem, você não hesita em atribuir a Deus. E se você os suprime totalmente, nada mais permanece, pois, enquanto permanece o princípio da forma, haverá medida, número e ordem. E onde estão, ali se encontra a forma perfeita. Assim, seria necessário também suprimir o próprio princípio da forma que parece estar subjacente, a matéria que será aperfeiçoada pelo artífice. Mas, se a perfeição da forma é um bem, também o será o princípio da forma. E, suprimido completamente todo o bem, não resta algo, mas absolutamente nada. Todo o bem vem de Deus e não há nenhuma natureza que não exista a partir de Deus.

Esse movimento de afastamento, que confessamos ser um pecado, por ser um movimento defeituoso, como tudo o que é defectivo, procede do nada. Perceba a quem ele pertence! E não duvide que não pertence a Deus. No entanto, tal defectividade, sendo voluntária, está colocada em nosso poder. Se você, pois, a teme, é conveniente não desejá-la. E se você não a deseja, ela não existirá. E o que será mais seguro do que viver nessa vida na qual não pode lhe acontecer aquilo que você não queira? Mas, já que o homem que caiu voluntariamente não pode mais por sua vontade se levantar, seguremos com fé firme na mão direita que Deus nos estende desde cima, isto é, em Nosso Senhor Jesus Cristo. Com ele, esperemos com uma esperança certa e o desejemos com caridade ardente.

Mas, se a respeito da origem do pecado, você considera que devemos realizar nossa investigação de maneira mais diligente do que fizemos até aqui – o que considero ser necessário – se você assim considera, adiemos tal discussão para um outro momento.

Evódio. Seguirei o seu desejo de que adiemos a discussão para um outro momento. Pois não lhe concedo que tenhamos considerado tal questão satisfatoriamente até aqui.

LIVRO III
O LIVRE-ARBÍTRIO VEM DE DEUS COMO UM BEM AO SER HUMANO

Capítulo 1
De onde vem o movimento pelo qual a vontade se aparta do bem imutável

Da necessidade vem o movimento irrepreensível

1.1 Evódio. Já está suficientemente claro para mim que a vontade livre deve ser contada entre os bens, e não entre os menores. Somos levados então a admitir que se trata de um dom divino, que nos foi dado de maneira oportuna. Mas, se também você o considera oportuno, gostaria de saber de onde veio aquele movimento, pelo qual a vontade se afastou do bem comum e imutável e se converteu aos bens mutáveis, sejam eles próprios ou alheios a ela, mesmo que sejam eles os mais ínfimos dos bens.

Agostinho. Para que saber isso?

Evódio. É que, se o livre-arbítrio nos foi dado de tal maneira que esse movimento nos seja natural, então foi necessário que ele tenha se convertido a esses bens. Mas onde dominam a necessidade e a natureza, não pode haver culpa.

Agostinho. E esse movimento lhe agrada ou desagrada?

Evódio. Desagrada.

Agostinho. Você o condena, portanto.

Evódio. Certamente o condeno.

AGOSTINHO. Mas então você está a condenar um movimento da alma que é inocente.

EVÓDIO. Não condeno um movimento inocente da alma. Não sei, contudo, se há alguma culpa em, deixando o bem imutável, converter-se aos bens mutáveis.

AGOSTINHO. Você então condena algo que desconhece?

EVÓDIO. Não queira espremer minhas palavras! Eu disse que não sei se há alguma culpa dando a entender que, sem dúvida alguma, há culpa. Quando digo "não sei", estou a zombar da dúvida a respeito de algo tão evidente.

AGOSTINHO. Veja como é evidente a verdade! Ela o forçou a esquecer rapidamente o que havia dito há pouco. De fato, se esse movimento existe por natureza ou necessidade, não pode, de maneira alguma, ser culpável. Entretanto, você sustém firmemente que ele o é, já que considera a dúvida a esse respeito ridícula. Mas então, por que você fez tal afirmação, seja tendo alguma certeza seja com dúvidas, se você mesmo está convencido de que é falsa?

Com efeito, você disse: "se o livre-arbítrio nos foi dado de tal maneira que esse movimento nos seja natural, então seria necessário que ele se convertesse a esses bens. Mas então, onde dominam a necessidade e a natureza, não poderia haver culpa". Portanto, você não pode ter dúvidas de que ele não nos foi dado assim, já que não duvida que esse movimento seja culpável.

EVÓDIO. Mas eu disse que esse movimento era culpável e que, por isso, me desagrada. Não posso duvidar, de fato, que ele deva ser condenado. Nego, contudo, que tenha culpa a alma que, por esse movimento, apartou-se do bem imutável e se dirigiu aos bens mutáveis, caso sua natureza seja tal que realize esse movimento de maneira necessária.

Da liberdade vem o movimento represensível...

1.2 AGOSTINHO. Você reconhece que esse movimento é culpável. Mas a quem ele pertence?

Evódio. Vejo-o em minha alma, mas não sei a quem pertence.

Agostinho. E você nega que a alma é movida por esse movimento?

Evódio. Não o nego.

Agostinho. Você nega que o movimento pelo qual se move uma pedra é o movimento da pedra? Não estou falando do movimento por meio da qual nós a movemos, nem de uma outra força que a mova, tal como quando ela é lançada para cima, mas do movimento pelo qual, por uma tendência própria, ela se dirige para a terra e cai.

Evódio. Não nego que esse movimento, por meio do qual, como você disse, a pedra se inclina e se dirige para baixo seja mesmo dela. É um movimento natural. Mas, se a alma tem um movimento desse tipo, certamente será também um movimento natural. Entretanto, o que se move naturalmente não pode ser censurado. Se assim fosse, ainda que a alma se movesse em direção à sua própria ruína, estaria sendo compelida pela necessidade de sua natureza. Mas, se não temos mais dúvida de que esse movimento é culpável, devemos negar, de todas as maneiras, que ele seja natural. Dessa maneira, não pode ser semelhante ao movimento por meio do qual, por natureza, a pedra se move.

Agostinho. Conseguimos alcançar algo nas nossas duas discussões anteriores?

Evódio. Conseguimos, certamente.

Agostinho. Mas então, creio que você se lembra que, em nossa primeira discussão, ficou suficientemente claro que nada faz a mente escrava do desejo desordenado a não ser a sua própria vontade. Ela não pode ser forçada à essa infâmia nem por uma vontade superior nem igual a ela, pois isso seria injusto, nem por uma vontade inferior, o que não seria possível. Assim, só nos resta aceitar que esse movimento, pelo qual, tendo em vista o seu próprio deleite, ela afasta sua vontade de seu Criador e a converte às criaturas, seja dela mesmo. E, se esse movimento é digno de culpa – e lhe parece que quem duvida disso é ridículo – ele não será natural, mas voluntário. Ele é similar ao movimento que leva a pedra para baixo, pois, assim como ele é próprio da pedra, aquele é próprio da alma. No entanto, também é diferente, pois a pedra não tem o poder de impedir o movimento que a leva para baixo, enquanto a alma, se não quisesse, não faria esse movimento de abandonar as coisas superiores e amar as inferiores. É por isso que o movimento da pedra é natural, enquanto o da alma é voluntário.

Portanto, se alguém dissesse que a pedra peca porque seu peso tende para baixo, eu não diria que é mais estúpido que a própria pedra, mas, certamente, o julgaria ser louco. Por outro lado, acusamos a alma de pecar quando mostramos que, para seu próprio deleite, ela abandona o superior e lhe antepõe o inferior. Dessa forma, qual a necessidade de investigarmos a quem pertence esse movimento pelo qual a vontade se afasta do bem imutável em direção ao bem mutável, se admitimos que é um movimento da alma, voluntário e, portanto, culpável? E se todo ensinamento útil a esse respeito se resume isso: uma vez condenado e restringido esse movimento, convertermos nossa vontade de sua queda nas coisas temporais, de modo que possa se deleitar com o bem eterno?

Porque está no arbítrio da vontade

1.3 Evódio. Vejo, toco, de uma certa maneira, e compreendo que é verdade o que você diz. Não há nada que eu perceba tão firme e intimamente quanto isto: que tenho uma vontade e que me movo, por meio dela, para me deleitar com alguma coisa. Com certeza, não posso encontrar nada que possa chamar de meu se a vontade, por meio da qual quero e não quero, não for minha. Portanto, aquilo, por meio do qual faço o mal, a quem devo atribuir a não ser a mim mesmo? Já que Deus, que é bom, me fez e que não sou capaz de fazer nenhum bem a não ser por meio da vontade, é suficientemente claro que é para isso que ela nos foi dada pelo bom Deus. E se o movimento por meio do qual a vontade se volta para um lugar ou outro não fosse voluntário nem estivesse sob nosso poder, o homem não poderia ser louvado quando girasse a dobradiça de sua vontade, por assim dizer, em direção às coisas superiores, nem censurado, quando em direção às inferiores. Tampouco deveria ser aconselhado a negligenciá-las para adquirir as eternas ou a não desejar viver mal, desejando, pelo contrário, viver bem. Mas quem quer que considere que o homem não deva ser aconselhado dessa maneira, este deveria deixar de ser contado entre o número dos homens.

CAPÍTULO 2
COMO A PRESCIÊNCIA DE DEUS NÃO SUPRIME A LIBERDADE DOS QUE PECAM, QUESTÃO QUE AFETA MUITOS

O que pensar sobre a presciência de Deus e a liberdade?

2.4 Assim sendo, fico indizivelmente perplexo quando penso em como é possível que Deus tenha a presciência de tudo o que haverá de acontecer e que, ainda assim, não seja por necessidade que pecamos. Com efeito, quem quer que diga que alguma coisa pode acontecer de uma maneira diferente da que é prevista por Deus está a tramar, por meio da mais louca impiedade, a destruição da presciência divina. E Deus teve a presciência de que o primeiro homem haveria de pecar, o que é necessário que conceda quem quer que admita que Deus prevê tudo o que irá acontecer. Mas, se foi esse o caso, não afirmo que Deus não o criaria, pois Ele o fez bom, nem que seu pecado poderia de alguma maneira prejudicar Deus, que o fez bom. Pelo contrário, ao fazer assim, Ele mostrou sua bondade, assim como mostra sua justiça ao punir e sua misericórdia ao redimir. Portanto, não digo que Ele não o criaria, mas isto eu digo: como Deus teve a presciência de que o homem pecaria, era necessário que o que Deus previu que iria acontecer, de fato acontecesse. Mas então, como seria livre a vontade, se a necessidade aqui aparece de modo tão inevitável?

O que pensam alguns

2.5 Agostinho. Você bateu à porta com insistência. Que a misericórdia de Deus venha, esteja presente e a abra aos que batem! Entretanto, acredito que a maioria dos homens se aflige com esta questão por não a investigarem com devoção e por serem mais rápidos em se desculparem de seus pecados que de os confessarem. E outros ainda, consideram voluntariamente que não há uma Providência divina a presidir os assuntos humanos e, dessa forma, confiando suas almas e corpos ao acaso, entregam-se ao desejo desordenado, ferindo e despedaçando a si mesmos. Ao negar os juízos divinos e evitar os humanos, eles pensam que estão a repelir seus acusadores com o amparo da fortuna, que, no entanto, costumam a apresentar e pintar como cega. Mas, assim sendo, ou são melhores que ela, que, no entanto, eles acreditam que os rege, ou então confessam que percebem e afirmam tais coisas com a mesma cegueira. E não é absurdo admitir que eles fazem tudo isso ao acaso, quando caem em coisas assim. Entretanto, contra tal opinião, repleta dos erros mais estultos e loucos, já dissemos o suficiente em nossa segunda conversa.

Existem outros que, ainda que não ousem negar que a Providência de Deus preside a vida humana, preferem, por um erro nefasto, acreditar que ela é fraca, injusta ou má do que confessar seus pecados com uma piedade humilde. Se todos esses homens se permitissem ser persuadidos, lhes ficaria claro que, quando pensam no que há de melhor, mais justo e poderoso, eles acreditariam que a bondade, justiça e poder de Deus é muito superior a tudo aquilo que são capazes de conceber pelo pensamento. E pensando sobre si mesmos, compreenderiam que devem agradecer a Deus, ainda que Ele quisesse que fossem inferiores ao que são. Então, com todos os seus ossos e com a própria medula da consciência clamariam: "eu digo, Senhor, tenha piedade de mim e cure a minha alma, pois foi contra Você que pequei" (Sl 40,5). Assim, pelos caminhos certos da misericórdia divina, seriam conduzidos em direção à sabedoria. E nem ficariam envaidecidos pelo que descobriram nem perturbados pelo que não. Ao conhecer, estariam melhor instruídos para ver e, ao ignorar, mais maduros para procurar.

Quanto a você, que não duvido que já esteja persuadido, veja como responderei com facilidade a tão grande questão, desde que você me responda a umas poucas coisas que irei perguntar.

Capítulo 3
A PRESCIÊNCIA DE DEUS NÃO FAZ COM QUE DEIXEMOS DE PECAR PELA VONTADE LIVRE

Conhecer a Deus não exige necessidade

3.6 Certamente o que lhe causa perplexidade e admiração é como essas duas coisas não são contrárias e opostas: que Deus tenha a presciência de todas as coisas que irão acontecer e que nós pecamos por vontade própria, não por necessidade. Você diz: se Deus tem presciência de que o homem irá pecar, é necessário que peque. Mas, se é necessário, não existe arbítrio da vontade ao pecar, mas uma inevitável e fixa necessidade. Você teme que, por esse raciocínio, siga-se a negação ímpia da presciência divina de tudo o que irá acontecer ou então, caso não possamos negá-la, que tenhamos que admitir que não pecamos por nossa vontade, mas por necessidade. Ou é alguma outra coisa que lhe deixa perplexo?

Evódio. Por enquanto, nada além disso.

Agostinho. Você, portanto, pensa que tudo o que Deus prevê se realiza não pela vontade, mas por necessidade?

Evódio. Penso exatamente isso.

Agostinho. Então acorde e, por um momento, olhe para dentro de si. Diga-me, se puder: qual vontade você terá amanhã, de pecar ou de agir retamente?

Evódio. Não sei.

Agostinho. E então? Mas você considera que também Deus não o saiba?

Evódio. De nenhuma maneira.

Agostinho. Mas, se Ele conhece a sua vontade de amanhã, bem como a vontade futura de todos os homens, seja dos que já existem, seja dos que existirão, com muito mais certeza ele tem a presciência do que fará com os justos e os ímpios.

Evódio. Certamente, se afirmo que Deus tem a presciência de todas minhas ações, com muito mais certeza afirmarei que tem a presciência de suas próprias ações e que prevê com a maior das certezas o que Ele mesmo fará.

Agostinho. E você não se preocupa que alguém lhe diga que tudo o que Deus fizer, Ele o fará por necessidade, não por vontade própria, dado que tudo o que Ele prevê acontece por necessidade, não por vontade?

Evódio. Quando eu dizia que tudo o que Deus prevê acontece por necessidade, considerava somente as coisas que acontecem entre as criaturas, não as que dizem respeito a Ele. Pois essas coisas não acontecem no tempo, mas são eternas.

Agostinho. Deus então não atua em suas criaturas.

Evódio. De uma só vez Ele determinou como irá se desenrolar a ordem que estabeleceu no universo. Não realiza nada por uma nova vontade.

Agostinho. Por acaso Ele faz alguém feliz?

Evódio. Com certeza o faz.

Agostinho. Mas então certamente Ele o faz no momento em que a pessoa se torna feliz.

Evódio. Assim é.

Agostinho. Dessa maneira, se, por exemplo, você se tornar feliz daqui um ano, será daqui um ano que Ele lhe fará feliz.

Evódio. Sim.

AGOSTINHO. Portanto Ele hoje tem a presciência do que fará em um ano.

EVÓDIO. Ele sempre teve tal presciência. Mas também concordo: Ele tem agora a presciência do que irá acontecer.

Queremos, mesmo se Deus sabe de antemão...

3.7 AGOSTINHO. Diga-me, eu lhe peço: você é uma criatura dele? E a sua felicidade, ela irá acontecer?

EVÓDIO. Com efeito, sou criatura dele e em mim acontecerá que serei feliz.

AGOSTINHO. Portanto, a felicidade que Deus lhe trará acontecerá em você não por sua vontade, mas por necessidade.

EVÓDIO. A vontade de Deus é necessidade em mim.

AGOSTINHO. Mas então, você será feliz sem querer.

EVÓDIO. Se em mim estivesse o poder de ser feliz, certamente já o seria. Pois quero sê-lo agora e não o sou, já que não sou eu, mas Ele que me faz feliz.

AGOSTINHO. Em você, de maneira excelente, a verdade clama! Não podemos perceber que algo está em nosso poder a não ser quando fazemos o que queremos. Portanto, nada está tanto em nosso poder quanto a própria vontade. Imediatamente, sem intervalo de tempo algum, ela está pronta assim que queremos. Por isso, pode-se dizer com acerto que não é por vontade que envelhecemos, mas por necessidade; não é por vontade que adoecemos, mas por necessidade; não é por vontade que morremos, mas por necessidade, e outras coisas assim. Entretanto, que não queremos por vontade, quem ousaria a proferir tal delírio?

Sendo assim, ainda que Deus tenha presciência de nossas vontades futuras, não é por isso que não queremos por nossa vontade. O que você disse a respeito da felicidade, que você não tem a capacidade de fazer a si mesmo feliz, você o disse como se eu o negasse. Mas eu digo: quando você for feliz, não o será contra a sua vontade, mas querendo. Dessa maneira, ainda que Deus tenha a presciência de sua felicidade futura (e como nada pode ocorrer de maneira diferente da qual Ele tem presciência, pois, se assim fosse, não seria presciência), não é por isso que somos obrigados a pensar o que há de mais absurdo e separado da verdade: que você será feliz sem o querer. E, assim como a presciência de Deus, que está, hoje, certa de sua felicidade futura, não retira a sua vontade de ser feliz quando você começar a sê-lo, assim também a vontade culpável, se você tiver alguma no futuro, não deixará de ser sua vontade apenas porque Deus tem a presciência dela.

Porque o querer está em nosso poder

3.8 Considera agora, eu lhe peço, a cegueira com a qual dizem: "se Deus tem presciência da minha vontade futura, como nada pode acontecer de outra maneira que a que Ele previu, é necessário então que eu queira o que Ele previu. Mas se é necessário que seja assim, não é por vontade, mas por necessidade que eu quero que isso ocorra".

Que singular tolice! É impossível que as coisas aconteçam de uma maneira diferente que a que Deus previu. E assim é porque a nossa vontade é a mesma que Ele previu que haveria de ser! Isso para não falar do monstruoso delírio mencionado há pouco, que o mesmo homem diga: "é necessário que eu queira dessa maneira", buscando, com isso, assumir uma necessidade para retirar a vontade. Pois, se é necessário que eu queira, de onde viria o querer se não da vontade?

E se ele não dissesse isso, mas afirmasse que, já que é necessário que ele queira, que ele então não tem em seu poder sua própria vontade? Estaríamos diante da mesma questão que você investigava quando lhe perguntei se você haveria de ser feliz sem o querer. Você me respondeu que já seria feliz se isso estivesse em seu poder e me disse que quer, mas que ainda não pode sê-lo.

Então acrescentei que a verdade clamava em você. Não podemos negar que temos esse poder a não ser quando o que queremos não se faz presente a nós. Contudo, quando queremos, se a própria vontade não nos está presente, então, na verdade, não queremos. E, se é impossível que, quando queremos, não queiramos, então a vontade certamente está presente aos que têm vontade. Mas nada está em nosso poder a não ser aquilo que, quando queremos, está presente. A vontade, portanto, não é nossa vontade a não ser que esteja em nosso poder. E, porque está em nosso poder, é livre para nós. Pois não é livre para nós o que não temos em nosso poder ou o que pode deixar de ter.

Dessa forma, acontece que não negamos que Deus tenha a presciência de tudo o que haverá de acontecer, nem que queiramos tudo o que queremos. Como Ele tem a presciência de nossa vontade, ela será tal qual Ele prevê. E será vontade, pois Ele tem a presciência de nossa vontade. E não poderia ser vontade se não estivesse em nosso poder. Portanto, Ele também tem presciência deste poder e, por sua presciência, nosso poder não nos é retirado. Pelo contrário, por sua causa, este poder está presente a mim de uma maneira ainda mais certa, pois Ele, cuja presciência não se engana, previu que a vontade seria minha.

EVÓDIO. Pois então: já não nego que é necessário que aconteça tudo o que Deus previu, que Ele tenha a presciência de nossos pecados de tal maneira que a vontade livre permanece em nós e que ela está colocada em nosso poder.

CAPÍTULO 4
A PRESCIÊNCIA DE DEUS NÃO NOS FORÇA A PECAR E, POR ISSO, PUNE JUSTAMENTE OS PECADOS

É necessário que Deus saiba de antemão...

4.9 AGOSTINHO. O que então ainda lhe deixa perplexo? Ou você, esquecendo-se da conclusão de nossa primeira discussão, nega que pecamos por nossa própria vontade, sem que alguém, superior, inferior ou igual, nos force?

Evódio. Não ouso negar nada disso. Mas confesso que ainda não vejo como essas duas coisas não estão em contradição uma com a outra: a presciência que Deus tem de nossos pecados e nossa liberdade de pecar. Com efeito, é necessário que confessemos que Deus é justo e presciente. Entretanto, gostaria de saber: com que justiça Ele castiga os pecados que é necessário que aconteçam? Como não seria necessário que aconteça o que Ele previu que haveria de acontecer? Como não há de se imputar ao Criador o que é necessário que aconteça em sua criatura?

... não me obriga a pecar...

4.10 Agostinho. Por que lhe parece que nosso livre-arbítrio se opõe à presciência de Deus? Por que é presciência ou por que é presciência de Deus?

Evódio. Por que é de Deus.

Agostinho. Pois então, se você tivesse a presciência de que alguém haveria de pecar, não seria necessário que pecasse?

Evódio. Certamente seria necessário que pecasse. Pois não seria presciência se eu não fosse prever coisas certas.

Agostinho. Portanto, não é por ser presciência de Deus que é necessário que aconteça o que Ele previu, mas apenas por ser presciência. Pois, se não prevê coisas certas, seria nula.

Evódio. Concordo. Mas onde você quer chegar com isso?

Agostinho. É que, a não ser que eu me engane, você não estaria forçando alguém a pecar por ter a presciência de que pecará. Nem a sua presciência o força a pecar, ainda que, sem dúvida, ele irá pecar, já que, se assim não fosse, você não poderia prever que isso aconteceria. Portanto, tal como não é contraditório que você, por sua presciência, conheça o que o outro irá fazer por sua própria vontade, assim também Deus não força ninguém a pecar, mas tem a presciência daqueles que, por sua própria vontade, pecarão.

... não impede que ele puna justamente

4.11 Por que então Deus não deveria castigar, sendo justo, o que não forçou a acontecer, ainda que tenha a presciência? Assim como você, por sua memória, não forçou a acontecer o que aconteceu, também Deus, por sua presciência, não forçou a acontecer o que haverá de acontecer. E assim como você se lembra de coisas que fez, mas não fez tudo o que lembra, Deus tem a presciência de todas as coisas das quais é o autor, mas não é o autor de tudo o que tem presciência. Ele não é o autor mau destas coisas mas delas, é o seu justo vingador.

E a partir daí, você pode entender por que a justiça de Deus pune os pecados: porque não foi Ele que fez o que sabia que iria acontecer. E, se não pudesse castigar os pecadores porque prevê que haverão de pecar, tampouco deveria premiar os que agem retamente, já que prevê que haverão de agir assim. Ao contrário, confessemos que é próprio de sua presciência não ignorar nada do que haverá de acontecer e de sua justiça que o pecado, cometido por uma vontade, não será deixado impune por seu juízo, assim como não foi forçado por sua presciência.

Capítulo 5
Devemos louvar a Deus também pelas criaturas que pecaram e que são infelizes

Deus sempre deve ser louvado

5.12 Quanto ao que você perguntou em terceiro lugar, sobre como não devemos imputar ao Criador o que necessariamente acontece com sua criatura: você se lembrará facilmente daquela norma de piedade que convém recordar, que devemos dar ações de graças ao nosso Criador. Sua larga bondade deveria ser justamente louvada mesmo que Ele nos tivesse colocado em um nível inferior da Criação. E, mesmo que nossa alma esteja manchada pelo peca-do, ela é melhor e mais sublime que se fosse transformada em luz –

e veja o quanto louvam a Deus as almas dadas aos sentidos do corpo por causa da eminência dessa luz visível!

Não se perturbe quando essas almas pecadoras são censuradas, nem, por causa disso, diga em seu coração que seria melhor que não existissem. Elas são censuradas em comparação consigo mesmas, quando se cogita como seriam caso não tivessem desejado pecar. Deus, seu criador, deve ser louvado da maneira mais digna que as faculdades humanas são capazes: não apenas porque, tendo tais almas pecado, Ele as ordena com justiça, mas também porque as constitui de tal maneira que, mesmo sujas pelo pecado, elas não são, de maneira alguma, superadas pelas luzes corpóreas – por causa das quais, com justiça, o louvamos.

O que devemos realmente pensar...

5.13 E eu também lhe aconselho que tome um outro cuidado: talvez você não diga que seria melhor que elas não existissem, mas afirme que deveriam ter sido feitas de outra maneira. Pois tudo aquilo que, por meio de uma razão verdadeira, lhe ocorra como sendo o melhor, saiba que foi realizado por Deus, criador de todo o bem. Entretanto, não é por uma razão verdadeira, mas por fraqueza e inveja que você considera que alguma coisa deveria ter sido feita melhor do que é, não querendo que nada inferior exista, como se, observando o céu, você não quisesse que a Terra fosse criada. Isso seria absolutamente iníquo!

Você estaria certo em criticar se visse que a Terra havia sido feita, mas o céu omitido. Então você poderia dizer que ela deveria ter sido feita de tal maneira que, por meio dela, fosse possível pensar no céu. Mas, como você percebe que aquele à imagem do qual você desejava que a Terra fosse formada também foi criado, ainda que não seja chamado de Terra, mas de céu, acredito que, já que o seu desejo por algo melhor não foi frustrado, tampouco convém que você inveje que também tenha sido feito algo inferior, a Terra.

E há tanta variedade de coisas por toda a Terra que não ocorre, a quem pensa sobre ela, que algo concernente à sua formosura não tenha sido feito por Deus, criador de todas as coisas. Da região mais agradável e fecunda até a mais infecunda e árida, existe toda uma gradação, de maneira que não é possível censurar nenhuma parte, a não ser por comparação com outra melhor. E ao ascender por todos os graus de louvor ao Criador, se você encontrasse a melhor região da Terra, não creio que você desejasse que fosse só ela a existir.

Mas qual não é a distância entre a Terra e o céu! Entre eles se entrepõem elementos úmidos e gasosos. E, dos quatro elementos, surge uma variedade de espécies e formas, inumeráveis por nós, mas contados por Deus. É possível que exista na natureza algo que sua razão não tenha encontrado, mas é impossível que não exista o que, por meio da reta razão, você considere existir. Você não é capaz de pensar em algo melhor à Criação que tenha escapado ao Artífice de todas as criaturas. Naturalmente a alma se liga humana às proporções divinas, das quais ela depende para dizer que melhor seria isto que aquilo. Se o que ela diz é verdade e ela sabe o que diz, o sabe por causa dessas proporções às quais está ligada. Que ela creia então que Deus fez o que a reta razão entendeu que Ele deveria fazer, mesmo que não o veja. Ainda que alguém não pudesse ver o céu com seus olhos, caso a reta razão concluísse que deveria ter sido criado, ele deveria, mesmo assim, acreditar que foi feito, apesar de seus olhos não o verem. Pois não teria visto em suas cogitações que o céu deveria ter sido feito a não ser por meio dessas proporções divinas através das quais foram feitas todas as coisas. E ninguém pode ver, por meio de uma cogitação verdadeira, o que ali não está, pois não seria uma verdade.

... quando falamos do bem

5.14 A maior parte dos homens erra nisto: ainda que com a mente tenham visto coisas melhores, seus olhos não as buscam nos lugares apropriados, como alguém que, concebendo a redondez perfeita, se irrita por não a encontrar em uma noz, nunca tendo visto algo redondo a não ser em coisas do tipo. Assim, quando por meio de sua razão, eles observam que uma criatura, ainda que tenha vontade livre, seria melhor se, estando sempre unida a Deus, nunca houvesse pecado, ao verem os pecados dos homens, se entristecem. E não porque querem deixar de pecar, mas por terem sido criados assim. Eles dizem: "que houvéssemos sido criados de tal maneira que quiséssemos sempre fruir da verdade imutável de Deus, sem nunca pecar". Mas eu digo: não clamem, não se inflamem! Pois Deus não os forçou a pecar por criá-los e dá-los o poder de querer ou não querer pecar. Pois também têm esse poder alguns anjos que, entretanto, nunca pecaram e nunca pecarão.

Se você se deleita com essas criaturas que, através da vontade mais perseverante, não cometem pecado, não há dúvida que você as preferirá, pela reta razão, àquelas que pecam. Tal como você, em seu pensamento, a considera superior, assim também o Deus criador a antepõe na ordem da Criação. Acredite, então, que esses seres existem nas regiões superiores e no mais alto céu! Pois, se o Criador manifestou sua bondade ao criar aqueles seres que previu que haveriam de pecar, não deixará de manifestar sua bondade criando um ser que, segundo sua presciência, nunca haveria de pecar.

Também a alma pecadora tem seu estatuto

5.15 Tal sublime criatura tem sua felicidade perpétua ao perpetuamente fruir de seu Criador, o que mereceu por sua perpétua vontade de estar sempre unida à justiça. Ao seu lado, também existe um lugar para essa criatura pecadora que, por causa de seus pecados, perdeu sua felicidade, mas que, apesar disso, não deixa de ter a capacidade de recuperá-la. Ela certamente supera a criatura que tem uma vontade perpétua de pecar. Entre esta última e aquela anterior, que tem uma vontade permanente de justiça, há um lugar intermediário para aquela criatura que pela humildade de sua penitência recebe a sua grandeza. Deus não privou da largueza de sua bondade nem mesmo a criatura que previu que iria pecar e que persistiria nessa vontade. Por isso, a criou. Com efeito, tal como um cavalo errante é melhor que uma pedra que não erra por carecer de movimento próprio e sensação, assim também uma criatura que por sua livre vontade peca é melhor que aquela que não peca por não ter a vontade livre. E assim como eu louvaria um vinho bom em sua espécie, mas censuraria o homem que se inebriasse com ele, ainda assim, eu preferiria este mesmo homem, censurado e ainda ébrio, ao vinho louvado, por meio do qual ele se embriagou. Da mesma forma, as criações corpóreas devem ser louvadas segundo seu nível de perfeição, mas devem ser censurados aqueles que as usam sem moderação, quando se afastam da percepção da verdade. E, apesar de sua perversidade e embriaguez, as pessoas que foram arruinadas por sua avidez pelas criações corpóreas (que devem ser louvadas segundo seu nível de perfeição) devem ser preferidas a elas, não pelo mérito de seus vícios, mas pela dignidade de sua natureza.

Sempre é melhor do que o corpo

5.16 Toda alma é melhor que qualquer corpo e toda alma pecadora, por mais que tenha caído, não se transforma em um corpo, nem deixa de ser alma. Por isso, nunca deixa de ser melhor que o corpo. Entre os corpos, a luz tem o primeiro lugar. Mas deve-se preferir a última das almas ao primeiro dos corpos. Pode acontecer que se possa preferir um corpo a um corpo de uma alma. Entretanto, não é possível, de maneira alguma, preferi-lo à esta alma.

Como então não louvar a Deus com louvores inefáveis? Pois, não apenas criou almas que seriam constantes nas leis da justiça, mas também aquelas outras que previu que haveriam de pecar e aquelas ainda que perseverariam no pecado. Contudo, até elas são melhores que os seres que, por não terem a vontade do arbítrio, racional e livre, são incapazes de pecar: são elas mais excelentes que o fulgor mais esplêndido de qualquer um dos corpos que muitos, em um grande erro, veneram como a substância do próprio Deus.

Na ordem das criaturas corpóreas, das massas siderais ao número de nossos cabelos, a beleza da perfeição das coisas é entrelaçada tão gradualmente que é estulto perguntar: "o que é isso? Com qual finalidade existe?" Tudo foi criado em sua própria ordem! E é ainda mais tolo fazer essa pergunta a respeito de qualquer uma das almas que, por mais diminuída e degenerada em sua formosura, sem dúvida alguma, supera sempre a dignidade dos corpos.

A razão avalia de um modo, o uso de outro

5.17 A razão avalia de um modo e a utilidade, de outro. A razão avalia pela luz da verdade, de modo que subordina, pelo reto juízo, as coisas menores às maiores. A utilidade, na maioria das vezes por costume, inclina-se à comodidade, de maneira que considera ser maior aquilo que a verdade demonstrou ser menor. Ainda que a razão anteponha em muito os corpos celestes aos terrestres, quem entre os homens carnais não preferiria que faltassem muitas estrelas no céu a um único arbusto em seu campo ou uma vaca em seu rebanho? Os adultos desprezam os juízos das crianças ou ao menos esperam pacientemente que se corrijam, já que elas preferem a morte de qualquer um dos homens, com a exceção daqueles cujo amor lhes alegra, que a de seu pássaro, especialmente quando se trata de um homem terrível e um pássaro que canta e é belo. Da mesma maneira, quando aqueles que avançaram rumo à sabedoria pelo progresso de sua alma encontram homens tolos, que julgam louvar a Deus nas menores criaturas, mais acomodadas aos seus sentidos carnais, enquanto, no que diz respeito às superiores e melhores, ou não o louvam por causa delas ou o louvam menos ou o censuram ou buscam corrigi-lo ou ainda, não acreditam que Deus é o criador delas, estes desprezam totalmente tais juízos, se não conseguem corrigi-los, ou então, até que se corrijam, acostumam-se, com a alma equânime, a tolerá-los e suportá-los.

Capítulo 6
Ninguém dirá com razão que prefere não ser
a ser infeliz

A Deus não se deve imputar o pecado...

6.18 Sendo assim, é necessário que aconteça o que Deus previu. Entretanto é tão distante da verdade considerar que os pecados das criaturas devam ser imputados ao Criador que, quando você disse que não sabia como deixar de imputar a Ele o que acontece de modo necessário às suas criaturas, eu não encontrava uma maneira de afirmar ser necessário imputá-las a Ele, já que acontecem pela vontade dos pecadores. De fato, nem pode ser encontrada nem pode existir uma maneira de se afirmar algo assim.

E se alguém dissesse: "prefiro não ser infeliz a ser", eu responderia: "você mente: agora mesmo, você já é miserável, mas não pretende morrer, pois quer ser. Ainda que não queira ser miserável, você deseja ser. Agradeça então porque, querendo ser, você é e, assim, o que você é, contra a sua vontade, será suprimido. Com efeito, querendo, você é e, contra sua vontade, você é miserável. Se você é ingrato quanto ao seu ser, que é desejado, de modo justo será forçado a ser o que não deseja ser. Apesar disso, como você tem o que quer, apesar de ingrato, louvo a bondade do criador. E, como você sofre o que não quer, por ser ingrato, louvo a justiça do Ordenador".

... porque querer e viver ditosamente está em
nosso poder

6.19 E se ele dissesse: "não quero morrer, mas não porque prefiro ser infeliz a não ser de modo algum, mas para que não me torne ainda mais infeliz após a morte", então, eu responderia: "se isso for injusto, não acontecerá, mas, se é justo, louvemos a Deus, pois, por suas leis, assim acontecerá". E se ele falasse: "mas por que eu pensaria que, se fosse injusto, eu não seria infeliz?", eu responderia: "pois, se estivesse em seu poder, você ou não seria infeliz ou, se governasse a si mesmo com injustiça, justamente seria infeliz. Ou então, querendo, mas não conseguindo governar-se com justiça, isto não estaria sob seu poder e, dessa maneira, ou não estaria sob o poder de ninguém ou estaria sob o poder de algum outro. Mas, se não estivesse sob o poder de ninguém, isso ou aconteceria contra a sua vontade ou não. Entretanto, isso não pode acontecer contra a sua vontade, a não ser que alguma força lhe domine. Mas não pode ser vencido por força alguma aquele que não está sob nenhum poder. Por outro lado, se isso não acontecesse contra a sua vontade e se você não estivesse sob o poder de ninguém, o mesmo argumento retornaria: você está, na verdade, sob o seu próprio poder e, assim, regendo a si mesmo de modo injusto, você se faz infeliz de modo justo. Ou então, se você é tudo o que quer ser, só terá motivos para dar graças à bondade do Criador. E, se você não está sob o seu próprio poder, então está sob o poder de alguém mais poderoso ou mais fraco. Se de alguém mais fraco, a culpa é sua e sua infelicidade é justa, pois poderia se sobrepor ao mais fraco, caso quisesse. Se alguém mais forte tem a você, que é mais fraco, sob seu poder, você então não deveria considerar injusta uma ordem das coisas tão correta. O que foi dito, portanto, é muito verdadeiro: se a sua situação é injusta, não acontecerá, mas, se é justa, louvemos a Deus, por cujas leis as coisas são assim".

Capítulo 7
O ser é amado também pelos infelizes, pois o receberam do sumo ser

É bom ser

7.20 E se ele dissesse: "prefiro ser infeliz a não ser de modo algum, pois já sou. Mas, se pudesse ser consultado antes de ser, escolheria não ser a ser miserável. Pois, se agora temo não ser, enquanto sou miserável, é que isso faz parte de minha própria miséria, já que não quero o que deveria querer. Com efeito, deveria preferir não ser a ser infeliz. Confesso que agora prefiro ser miserável a não ser coisa alguma. Mas, de modo estulto, tanto mais quero isso quanto mais sou infeliz e tanto mais infeliz sou quanto mais verdadeiramente percebo que não deveria querê-lo".

Então, eu responderia: "tome cuidado para não errar no que você considera ser a verdade. Com efeito, se você fosse feliz, certamente preferiria ser a não ser. Agora, sendo infeliz, você prefere ser infeliz a não ser de modo algum, ainda que não queira ser infeliz. Considera então, na medida do possível, quão grande bem é o próprio ser, desejado tanto por quem é feliz quanto por quem é infeliz. Se refletir bem, verá que você é infeliz na medida em que é distante do Sumo Ser. Você pensa que é melhor não ser que ser infeliz na medida em que não o contempla, Ele que sumamente é. Contudo, você deseja ser, pois procede de Deus, Ele que sumamente é".

Se queremos, queremos ser e viver ditosamente

7.21 Portanto, se quer fugir da infelicidade, ame em você o que você quer ser. Se você quiser ser cada vez mais, se aproximará dele que sumamente é. E agora, agradeça por ser! Ainda que você seja inferior aos bem-aventurados, contudo, é superior aos que nem o desejo da felicidade têm, dentre os quais muitos são louvados pelos infelizes. Todas as coisas, por serem, são justamente louvadas! Pelo próprio fato de serem, são boas.

Quanto mais você ama ser, tanto mais desejará a vida eterna. E terá ânsias de se formar de modo que suas afecções não sejam temporais nem injustas por estarem estampadas e impressas com o amor das coisas temporais. Pois estas, antes de serem, não são; quando são, escapam; e, quando escapam, não mais são. Quando estão para ser, ainda não são; quando já se foram, não mais são. Como, então, poderão ser possuídas de modo que permaneçam, essas coisas para as quais começar a ser já é caminhar para o não ser? Quem ama o ser, as aprova na medida em que são e ama o que sempre é.

Se você é inconstante em seu amor pelas coisas temporais, estará protegido pelas coisas eternas. E se você se dissipou no amor pelas coisas efêmeras, se estabilizará no amor das coisas permanentes. Se tornará constante e obterá o próprio ser, aquele que desejava quando temia não ser e não conseguia ser firme, aprisionado pelo amor das coisas fugidias.

Não se aflija, mas se alegre muito, pois você prefere ser, ainda que seja infeliz, a não ser por ser infeliz, pois assim você não seria nada. E se, ao seu desejo de ser, você adicionar mais e mais o ser, então se elevará e se edificará em Deus, que sumamente é. Você se guardará de toda destruição que leva o que é inferior ao não ser e que arruína as forças de quem ama essas coisas. Quem prefere não ser para não ser infeliz, já que não pode não ser, resta-lhe ser infeliz. E aquele que mais ama ser, mais odeia ser miserável e, unindo-se ao que ama, exclui o que odeia. Então, quando começar a ser perfeito em seu gênero próprio, não mais será infeliz.

CAPÍTULO 8
NINGUÉM ESCOLHE O NÃO SER, NEM AQUELES QUE COMETEM SUICÍDIO

Não queremos não ser

8.22 Veja quão absurda e inconvenientemente se diz: prefiro não ser que ser infeliz. Quem diz preferir uma coisa à outra, escolhe alguma coisa. Mas não ser não é alguma coisa, mas nada. Assim, não é possível escolher corretamente quando o que se escolhe não é. Você diz que quer ser, mesmo sendo infeliz, mas que não deveria querê-lo. O que você deveria então querer? Você diz: de preferência, não ser. E, se é isso que você deveria desejar, então deve ser o melhor. Mas o que não existe não pode ser o melhor.

Portanto, você não deveria querê-lo. O sentimento de não querer é aqui mais verdadeiro que a opinião de que você deveria querê-lo.

Aquilo que alguém compreende corretamente que deve desejar, quando é alcançado, necessariamente o faz melhor. Mas não pode se tornar melhor quem não é. Assim, ninguém pode escolher corretamente não ser. Não convém sermos comovidos pelo juízo daqueles que, diante de uma infelicidade profunda, se matam. Pois, ou fugiram para onde consideram ser melhor, como quer que eles tenham considerado isso, o que não contraria nosso raciocínio, ou, se acreditaram que haveriam de se transformar em nada, a falsa escolha dos que nada escolhem nos comoverá ainda menos. Como seguirei alguém que, ao escolher, se lhe pergunto o que escolhe, responde que nada? Quem escolhe não existir, manifesta nada escolher, ainda que não queira responder assim.

Quem se mata não deseja não ser

8.23 Para que possa dizer o que penso a respeito disso, não me parece que ninguém se mate ou que deseje de algum modo morrer tendo o sentimento de que, após a morte, não mais existirá, ainda que em algum momento tenha essa opinião. A opinião se fundamenta no erro ou na verdade de quem raciocina ou crê, mas o sentimento tem sua força a partir do hábito ou da natureza. Pode acontecer que exista uma coisa na opinião e outra no sentimento, o que é fácil reconhecer, já que muitas vezes acreditamos que algo deva ser feito, mas nos deleitamos em fazer outra coisa. Algumas vezes, o sentimento é mais verdadeiro que a opinião, se uma provém do erro e outra da natureza, como quando um doente se deleita com a água fria, que lhe é mais proveitosa, acreditando, entretanto, que se a beber, será prejudicado. Outras vezes, a opinião é mais verdadeira que o sentimento, quando, por exemplo, ele acredita, por causa da arte da medicina, que a água fria lhe fará mal, o que de fato fará, ainda que lhe seja agradável bebê-la. Por vezes, ambos estão com a verdade, quando o que é útil não é apenas o que se acredita, mas o que agrada. Outras vezes ainda, ambos estão no erro, quando se acredita que é útil o que prejudica, que também não deixa de agradar. Mas, em geral, a reta opinião corrige o costume depravado e a opinião depravada corrompe a natureza reta, tamanha a força que existe no domínio e supremacia da razão.

Assim sendo, quando alguém acredita que não mais será após a morte e, por sofrimentos intoleráveis, é impelido ao pleno desejo de morte, decidindo-se por ela e a alcançando, ele erra em sua opinião, considerando que será completamente aniquilado, mas, no sentimento, tem o desejo natural de repouso. E que está em repouso, não é o nada, mas, ao contrário, é mais que o que está inquieto. Pois a inquietação faz variar as afecções, de modo que uma destrói a outra. O repouso possui constância, pelo que se pode entender plenamente quando se diz: "é". Todo aquele apetite que está na vontade de morrer não se dirige para o não ser de quem morre, mas para seu descanso. Assim, ainda que erroneamente alguém possa acreditar que não mais será, sua natureza, entretanto, deseja descansar, isto é, ser mais. Por isso, tal como de modo algum pode acontecer que alguém deseje não ser, assim, de nenhum modo convém que alguém possa ser ingrato para com a bondade do Criador pelo fato de ser.

CAPÍTULO 9
A MISÉRIA DAS ALMAS PECADORAS CONTRIBUI PARA A PERFEIÇÃO DO UNIVERSO

O bem não prevalece pela perfeição...

9.24 Se alguém disser: "não teria sido difícil ou laborioso ao Deus onipotente, que fez todas as coisas, ordená-las de modo que nenhuma criatura chegasse à infelicidade. Se as coisas não são assim, é porque o Onipotente não o pode ou porque inveja o bem".

Responderei que a ordem das criaturas, da mais elevada à mais ínfima, corre por graus justos, de modo que a recusa quem diz: "isto não deveria existir", assim como quem afirma: "isto deveria ser assim". Pois, quem diz isso, se quer que todas as coisas sejam como o que é superior já é, deve entender que não é possível acrescentar algo a elas, pois já são perfeitas. Quem, portanto, objeta: "essas coisas deviam ser desta maneira", ou quer adicionar algo superior ao que já é perfeito, sendo assim imoderado e injusto, ou quer destruir essas coisas, sendo, portanto, mal e invejoso. E quem diz: "isto não deveria existir", será mal e invejoso, pois não quer que exista o que é inferior, que, ainda assim, é obrigado a louvar. É como se dissesse: "a lua não deveria existir", quando também a claridade da lâmpada é inferior, mas bela em seu gênero, ajustada às trevas terrenas, adaptada aos usos noturnos e, em tudo isso, certamente louvável, em sua pequena medida. Se alguém nega isso, o faz de modo absolutamente insensato e contencioso. Como então ousará a dizer: "a lua não deveria existir entre as coisas" aquele que, se dissesse "não deveria existir a lâmpada", se sentiria ridículo? E, se ele não diz que a luz não deveria existir, mas afirma que ela deveria ser como o Sol, acaso ele compreende que não diz outra coisa que "não deveria existir a lua, mas dois sóis"? E nisso, erra duplamente, pois quer adicionar algo à perfeição própria das coisas, pois deseja outro sol, mas também quer diminui-las, pois quer suprimir a lua.

... a própria ordem das coisas o exige

9.25 Aqui talvez nosso objetor diga que não reclama da lua, pois ainda que seu esplendor seja menor, ela não é infeliz, e que se condói não da obscuridade das almas, mas de sua infelicidade. Vamos pensar seriamente: o esplendor da lua não é infeliz, tal como o esplendor do sol não é feliz. Ainda que sejam corpos celestes, são corpos na medida em que o que lhes diz respeito é esta luz que pode ser percebida pelos olhos do corpo. E nenhum corpo, no que diz respeito a si mesmos, pode ser feliz ou infeliz, ainda que possam existir os corpos dos felizes e infelizes. Mas a comparação com a luz destes corpos, aqui usada, nos ensina isto: que quem contempla as diferenças dos corpos, vendo que uns são mais claros que outros, se pedissem que fossem suprimidos os corpos que enxergam como mais obscuros ou que eles fossem igualados aos mais claros, pediria isso injustamente. Ao contrário, referindo todas as coisas à perfeição da totalidade, quanto mais variadas forem a claridade destes corpos, tanto mais se perceberá o ser de todos eles: a perfeição do universo não se nos manifesta a não ser que, onde as coisas maiores estão presentes, as menores também não faltem. Assim, se você cogita a respeito da diferença entre as almas, encontrará também nelas isto: que a infelicidade da qual você se condói serve para que você saiba que não falta à perfeição do universo aquelas almas que deveriam se tornar infelizes por terem querido ser pecadoras. E é tão afastado da verdade que Deus não as deveria ter criado que Ele também deve ser louvado por ter feito outras criaturas ainda mais inferiores que estas almas infelizes.

Foi necessária às almas a ordem das coisas...

9.26 Mas, parecendo pouco inteligível o que acabo de dizer, nosso objetor ainda teria algo para nos contradizer. Com efeito, ele diz: "se a nossa infelicidade completa a perfeição do universo, faltaria algo a essa perfeição se fôssemos sempre felizes. Por isso, se a alma não chega à infelicidade a não ser pecando, então nossos pecados são necessários à perfeição do universo criado por Deus. Mas como então Ele pune com justiça os pecados que, se não existissem, sua criação não seria plena e perfeita?"

Aqui eu responderia que não são os próprios pecados ou a própria infelicidade que é necessária à perfeição do universo, mas almas, enquanto são almas. Elas, se querem, pecam e, se pecam, tornam-se infelizes. Com efeito, se retirados os seus pecados, permanecesse a infelicidade, ou ainda, se a infelicidade precedesse os pecados, corretamente poderia ser dito que a ordem ou administração do universo está deformada. Por outro lado, se acontecem os pecados, mas falta a infelicidade, tal iniquidade não desgraçaria menos a ordem. Quando a felicidade está presente aos que não pecam, está perfeito o universo e, quando aos que pecam está presente a infelicidade, também assim está ele perfeito. E como não faltam as próprias almas que, ao pecar, lhes segue a infelicidade, ou, ao agir retamente, a felicidade, o universo é sempre pleno e perfeito em todas as naturezas. O pecado e o castigo do pecado não são naturezas, mas estados de certas naturezas: o pecado, um estado voluntário, o castigo, uma punição. Este estado voluntário, que surge no pecado, é torpe. Por isso, acrescentam-se a ele os estados punitivos, para que as naturezas sejam ordenadas e colocadas em uma situação que não mais seja torpe. Elas são, assim, forçadas a se adequar à harmonia do universo, pois a punição do pecado corrige a sua infâmia.

... mesmo se pecam...

9.27 Por isso, quando uma criatura superior peca, ela é punida pelas inferiores que, sendo tão pequenas, podem ser adornadas até mesmo por almas torpes e, assim, estar em harmonia com a beleza do universo. Por exemplo: o que existe, em uma casa, que é tão grandioso quanto o homem? E o que há ali de menor e mais detestável que o seu esgoto? Mas um escravo, pego em um pecado que o fez merecedor de limpar o esgoto, torna mais belo o esgoto, mesmo em sua torpeza. A torpeza do escravo e a limpeza do esgoto estão assim ligados e unidos, entrelaçados em harmonia segundo a ordem da casa, da maneira mais conveniente. E, ainda que o escravo não quisesse pecar, certamente existiria um outro meio, na ordem doméstica, de se limpar o que é necessário.

E o que é inferior aos corpos terrenos? No entanto, a alma, ainda que pecadora, embeleza esta carne corruptível, lhe fornecendo uma aparência adequada e o movimento vital. Por causa do pecado, não seria conveniente que tal alma tivesse uma morada celeste, mas, como castigo, a morada terrestre lhe serve. Assim sendo, o que quer que seja escolhido será belo e conveniente ao Todo, que é ordenado em suas partes, administrado e criado por Deus. As melhores almas, ainda que habitem criaturas tão pequenas, não as embelezam por sua miséria, que não possuem, mas pelo bom uso que delas fazem. Mas não seria decoroso se fosse permitido às almas pecadoras habitar os lugares mais sublimes, pois isso não lhes convém, já que ali não podem fazer o bem nem comunicar alguma beleza.

... porque podem não pecar e ser felizes

9.28 Assim, ainda que o orbe terrestre esteja destinado às coisas corruptíveis, constituindo-se, na medida do possível, como imagem dos seres superiores, ele não cessa de nos revelar importantes descobertas. Quando vemos, por exemplo, um homem bom e grandioso preferindo que as chamas consumam seu corpo a faltar com a honra de seu dever, não consideramos isso um castigo pelo pecado, mas exemplo de fortaleza e paciência. E o amamos mais quando esta repugnante destruição do corpo perpassa os seus membros do que se nada sofresse, admirando que a mutabilidade do corpo não altere a natureza da alma. Mas, quando vemos o corpo de um ladrão cruel ser destruído em tal suplício, aprovamos a ordem da lei. Ambos embelezam o mesmo tormento, um com o mérito da virtude, o outro com o pecado. Se víssemos, após o fogo ou antes dele, aquele grande homem ser arrebatado aos céus, transformado em harmonia com a morada celestial, certamente nos alegraríamos. Se o ladrão ímpio, entretanto, antes ou depois do suplício, mantendo ainda a malícia da vontade, fosse visto ser levado aos céus para um assento de honra, quem não se ofenderia? Dessa maneira, ambos podem embelezar seres inferiores, mas apenas um deles os superiores.

A partir do que foi dito, nos lembramos que o primeiro homem foi revestido desta carne mortal como castigo pelo pecado, enquanto Nosso Senhor também o foi para que, por sua misericórdia, nos libertasse do pecado. Mas, se ele, sendo justo e permanecendo na justiça, pôde receber um corpo mortal, não pode aquele que é iníquo, enquanto é iníquo, alcançar a imortalidade sublime e angélica dos santos – não daqueles anjos, sobre os quais diz o Apóstolo: "vocês não sabem que julgaremos os anjos" (1Cor 6,3), mas desses sobre os quais diz o Senhor "e vocês serão iguais aos anjos de Deus" (Lc 20,36).

Aqueles que desejam ser iguais aos anjos por vaidade, não querem, na verdade, ser iguais aos anjos, mas que os anjos sejam iguais a eles. Perseverando em tal vontade, chegarão, em seu castigo, a ser iguais aos anjos enganadores, por amarem mais seu próprio poder que ao Deus onipotente. A eles, colocados à esquerda, já que não buscaram a Deus pela porta da humildade mostrada pelo próprio Senhor Jesus, tendo vivido sem misericórdia e de modo soberbo, se dirá: "vão para o fogo eterno, que foi preparado para o diabo e seus anjos" (Mt 25,41).

CAPÍTULO 10
COM QUE DIREITO O DIABO ENTROU EM POSSE DO HOMEM E COM QUE DIREITO DEUS O LIBERTOU

Estamos sujeitos ao diabo justamente

10.29 Duas são as origens do pecado, a própria cogitação e a persuasão de um outro. É isso que considero ter pensado o profeta, quando disse: "dos meus pecados ocultos, limpe-me, Senhor, e dos alheios poupe o seu servo" (Sl 18,13-14). Ambos são voluntários: assim como não pecamos involuntariamente pela própria cogitação, também não consentimos sem a própria vontade quando consentimos em um mau conselho.

Contudo, mais grave que pecar por cogitação própria, sem persuadir a ninguém, é persuadir, por inveja e engano, um outro ao pecado, de modo que, por meio desta persuasão, ele seja levado a pecar. E a justiça de Deus está conservada quando Ele pune ambos os pecados. A mesma balança pesou e determinou que não fosse negado ao diabo o domínio sobre o homem, pois, persuadido por ele, havia a ele se submetido. Pois seria iníquo se não fosse dominado por aquele que o capturou. Mas não pode acontecer, de maneira nenhuma, que a justiça perfeita do Deus sumo e verdadeiro, que se estende a todas as coisas, não se ocupe também de colocar ordem nos castigos dos pecadores. E, assim, já que o homem havia pecado menos que o diabo, isto mesmo lhe valeu para que recuperasse a sua salvação: que estivesse sujeito ao príncipe deste mundo, isto é, o príncipe desta parte mortal e ínfima do mundo, ou seja, que estivesse sujeito ao príncipe de todos os pecados e líder da morte, este que chega até a mortalidade da carne. Pois, pela consciência de sua mortalidade, os homens passaram a ter medo e a entrar em pavor diante das moléstias e da morte causada até mesmo pelos animais mais vis e abjetos, mesmo os menores deles. E incerto diante do futuro, o homem se acostumou a reprimir as alegrias culpáveis e a romper com a soberba máxima, a mesma que lhe havia feito cair, este vício que é tal que, por meio dele, perde-se o remédio da misericórdia.

O Verbo se fez carne por nós

10.30 Isto foi feito pelo Verbo de Deus, pelo qual foram feitas todas as coisas, e do qual gozam todos os bem-aventurados do céu, que estendeu sua clemência à nossa miséria. E o Verbo se fez carne e habitou no meio de nós. Para que os homens pudessem comer o pão dos anjos, apesar de não serem ainda igual aos anjos, o próprio pão dos anjos se dignou a se tornar igual aos homens. Mas ele não desceu até nós para abandonar os anjos, mas, estando ao mesmo tempo inteiro junto a eles e inteiro junto a nós, alimentando-os interiormente por meio de sua divindade e nos exortando externamente por meio de sua humanidade, ele nos fez aptos, por meio da fé, a nos alimentarmos igualmente de sua visão.

Já que a criatura racional se alimenta do Verbo divino, o melhor dos alimentos, como nossa alma é racional, estando retida pelos laços da mortalidade como castigo pelo pecado, ela havia sido reduzida a tal debilidade, que se apoiava na conjectura das coisas visíveis para compreender as invisíveis. É por isso que o alimento da criatura racional foi feito visível, não pela mudança de sua natureza, mas por revestir-se da nossa, de modo que, seguindo as coisas visíveis, fôssemos chamados às invisíveis. Assim, a alma, que pela soberba o havia abandonado interiormente, exteriormente o encontrou humilhado. E, imitando a sua humildade visível, fosse conduzida à sua altura invisível.

... resgatou-nos justamente da escravidão do diabo

10.31 O Verbo de Deus, Filho único de Deus, que sempre teve e terá sob suas leis o diabo, revestindo-se da humanidade, subjugou este ao homem também. E nada obteve dele por um domínio violento, mas por superá-lo pela lei da justiça. Pois, o diabo, tendo enganado a mulher e feito o homem cair por meio dela, reivindicava toda a pecadora prole do primeiro homem para a lei da morte, o que fez movido por um desejo malicioso de matar. Entretanto, o reivindicava por justo direito. E o seu poder prevaleceu até que matou o Justo, no qual não se podia mostrar nada que fosse digno de morte – não só por ter sido morto sem crime, mas também por ter nascido sem a concupiscência culpável, por meio da qual o diabo subjugou aqueles que capturou, de modo que quem quer que dela nascesse, tal como um fruto de uma árvore sua, teria o desejo depravado. E o diabo retinha esse direito de posse, mas não de modo iníquo. Por isso, o mais justo foi forçá-lo a abandonar todo o que crê naquele que foi morto da maneira mais injusta e que, morrendo temporalmente, saldou nossa dívida. Ele, que tem a vida eterna, também vive naqueles cuja dívida – que não era dele – ele saldou. E, por isso, é justo que quem o diabo persuadiu a perseverar na infidelidade seja seu companheiro na condenação eterna.

Em suma: o homem não foi arrebatado à força pelo diabo, pois não foi pela força, mas pela persuasão que foi arrebatado. E, tendo sido, com justiça, absolutamente humilhado, servindo àquele com quem havia consentido no mal, também com justiça foi libertado por aquele com quem consentiu no bem. Pois o homem pecou menos em consentir que o diabo, em persuadir ao pecado.

CAPÍTULO 11
PERMANECENDO NA JUSTIÇA OU NÃO, A CRIATURA CONTRIBUI À BELEZA DO UNIVERSO

Tanto as almas não pecadoras

11.32 Deus criou todas as naturezas, não apenas as que permaneceriam na virtude e na justiça, mas também as que pecariam.

E não para que pecassem, mas para que ornassem o universo, quisessem ou não pecar. Com efeito, existem almas que, se quisessem pecar, não ocupando o seu lugar próprio na ordem do universo, diminuiriam e perverteriam essa ordem, provocando uma grande lacuna entre as criaturas e perturbando a estabilidade e a conexão entre todas as coisas. Essas almas são as criaturas celestes e as potências supra-celestes, excelentes, santas e sublimes, sobre as quais apenas Deus impera, às quais a totalidade do mundo está submetido. Sem suas funções, justas e perfeitas, o universo não poderia existir. Existem também almas que, se pecassem, não diminuiriam a ordem do universo. Mesmo assim, se não existissem, também fariam uma grande falta. Pois são almas racionais, diferentes das outras em seu ofício, mas iguais em natureza. Além delas, existem muitos seres inferiores que, ainda assim, são louváveis, estabelecidos pelo sumo Deus na ordem das coisas.

... quanto as pecadoras...

11.33 Dessa maneira, aquelas primeiras almas são mais sublimes em sua função, já que, se não existissem ou se pecassem, prejudicariam a ordem do universo. As outras são inferiores em sua função, pois, se não existissem (pecando ou não), diminuiriam o Todo. Para as primeiras, foi dado como função o poder de manter coeso o universo, o que não pode faltar à ordem das coisas. Mas elas não permanecem em sua boa vontade de cumprir porque aceitaram sua função: ao contrário, a receberam porque Deus previu que aceitariam o encargo e que permaneceriam fiéis a ele. E não é por majestade própria que elas têm o poder de manter coeso o todo: receberam-no de Deus, ao qual obedecem da maneira mais devota e a partir do qual, pelo qual e no qual todas as coisas foram feitas.

Para a outra natureza de almas foi outorgado, caso não pecassem, a poderosíssima função de manter coeso o Todo, não como função própria, entretanto, mas agindo em conjunto com aquelas outras almas. Deus assim estabeleceu pois previu que haveriam de pecar. Com efeito, os seres espirituais podem se unir, sem se confundirem, e se separar, sem se diminuírem. Por isso, aquela primeira natureza de almas não teria sua operação facilitada pela união com outras almas, tal como não a teria dificultada se elas, pecando, abandonassem a sua função. Pois não é de acordo com o lugar e a massa dos corpos que se unem ou se separam, mas pela semelhança ou disparidade dos afetos, ainda que cada uma possua o seu próprio corpo.

... e seja qual for sua perfeição...

11.34 Quanto aos corpos inferiores, dotados de mortalidade após o pecado, a alma os rege, não totalmente segundo o próprio arbítrio, mas assim como as leis do universo o permitem. Entretanto, isso não faz com que esta alma seja inferior a um corpo celeste, ao qual também os corpos terrestres estão sujeitos: as roupas maltrapilhas de um escravo condenado são muito inferiores à veste de um escravo que adquiriu mérito e foi estabelecido com grande honra junto ao seu senhor; mas o escravo é melhor que qualquer veste preciosa, pois é um homem. Da mesma forma, a alma que se une a Deus e a um corpo celeste, com sua potestade angélica, também pode embelezar e reger um corpo terrestre, tal como lhe manda Aquele cuja vontade ela contempla inefavelmente. A alma que sente o peso dos membros mortais aos quais se liga, com dificuldade administra intrinsecamente o corpo que a oprime. Ainda assim, embeleza-o na medida do possível. E os outros seres, que lhe são extrínsecos e adjacentes, ela, de longe, com uma operação mais débil, influencia de fora, tal como pode.

Capítulo 12
O GOVERNO DO UNIVERSO NÃO SE PERTURBARIA AINDA QUE TODOS OS ANJOS PECASSEM

... estão de acordo com a ordem das coisas

12.35 Por isso, não deixa de ser belo que essas almas se liguem às criaturas corpóreas, ainda que não queiram pecar, pois, quem pode reger o todo, também pode reger a parte, mas, quem pode menos, não pode necessariamente fazer coisas maiores. O bom médico cura a sarna de maneira eficaz, mas daí não se segue que qualquer um que dê um conselho útil a um sarnento possa curar todas as doenças humanas.

A razão reta percebe que é oportuno que exista uma criatura que nunca tenha pecado e que nunca pecará. Ela também entende que esta renuncia ao pecado e dele se abstém por meio de seu livre-arbítrio: não deixará de pecar por ser coagida, mas espontaneamente. E, essas almas, que, como Deus havia previsto, nunca pecaram, se porventura pecassem, então o poder inefável de Deus regeria diretamente o universo. Ele retribui a todos segundo o que é devido e digno, não permitindo que, em todo o seu império, exista algo torpe ou indecoroso. Em outras palavras, se todas as naturezas angélicas pecassem e, assim, faltassem à sua função, Deus, em sua majestade, regeria todas as coisas de um modo ainda mais nobre e excelente.

Apesar disso, não devemos ter má vontade ao pensar na existência das criaturas espirituais, pois Deus também criou a criatura corporal capaz de pecar, muito inferior às espirituais. E a criou por meio de tamanha largueza de bondade que, ninguém, ao contemplar o céu e a terra de forma razoável, vendo todas as naturezas visíveis, segundo o seu gênero, moderadas, formadas e ordenadas, acreditaria que existe um outro artífice de todas as coisas que não o próprio Deus nem deixaria de confessar que Ele deve ser inefavelmente louvado.

Essa é a melhor configuração: que a potestade angélica, na excelência de sua natureza e na bondade de sua vontade, tenha a maior eminência na disposição do universo. Mas, ainda que todos os anjos pecassem, não criariam nenhum incômodo ao Criador no governo de seu império. Sua bondade não passaria por nenhum fastio nem sua onipotência teria problemas em criar outros seres, que colocaria nas posições que os outros abandonaram ao pecar. E as criaturas espirituais, qualquer que seja o número delas, se por merecimento fossem condenadas, não poderiam tornar mais estreita a ordem do universo, pois esta, conveniente e adequadamente, comporta todos os que foram condenados. Assim, para onde quer que se volte nossa reflexão, concluo que se deve louvar inefavelmente a Deus, o Criador excelente de todas as naturezas, que também é seu justíssimo administrador.

Toda natureza é boa

12.36 Por fim, para que deixemos a contemplação da beleza das coisas aos que, por dom divino, podem vê-la, não tentemos levá-los a contemplar coisas inefáveis por meio de palavras. Entretanto, por causa dos homens loquazes, pequenos ou insidiosos, percorramos tamanha questão com um brevíssimo resumo.

CAPÍTULO 13
A CORRUPÇÃO DA CRIATURA E A CENSURA DE SEUS VÍCIOS MANIFESTA A BONDADE

13.36 Toda natureza que pode se tornar pior é boa. E, toda natureza, quando se corrompe, se torna pior. Se a corrupção não a prejudica, é porque não foi corrompida. Se foi corrompida, a corrupção lhe prejudica. E, se a corrupção lhe prejudica, é que diminui o bem que possui de alguma maneira, lhe fazendo pior. Mas, se fosse privada de quase todo o bem que possui, o bem que permanece não poderia ser corrompido, pois não haveria mais nenhum bem a ser suprimido. E o que a corrupção não pode prejudicar, já não é corrompido. Mas a natureza que não é corrompida é incorruptível. Contudo, se assim fosse, se seguiria que haveria uma natureza que, pela corrupção, foi feita incorruptível, o que é um grande absurdo dizer. Por isso, se diz verdadeiramente que toda natureza, enquanto é uma natureza, é boa, pois, se é incorruptível, é melhor que a corruptível, e se é corruptível, já que, quando se corrompe, se faz pior, sem dúvida também é boa. Toda natureza, portanto, ou é corruptível ou incorruptível e, assim, toda natureza é boa. E por natureza, penso no que se costuma chamar de substância: toda substância, assim, ou é o próprio

Deus ou procede de Deus, pois todo bem é ou o próprio Deus ou procede de Deus.

Deus é louvado porque...

13.37 Estabelecidas e firmadas essas coisas, como que um início de nossos raciocínios, presta atenção no que lhe direi: toda natureza racional, criada com o livre-arbítrio da vontade, se ela se mantém na fruição do bem sumo e imutável, sem dúvida, deve ser louvada. E tudo mais o que tende a permanecer assim deve ser louvado. Mas, tudo o que não permanece no Bem e que não quer fazer nada para nele permanecer, enquanto não está com ele nem faz nada para que com ele esteja, deve ser censurado.

E se, pois, deve ser louvada uma natureza racional que criada, ninguém duvidará que deverá ser louvado Aquele que a fez. E, se ela deve ser censurada, ninguém duvidará que o Criador é louvado nesta mesma censura. Pois, quando a censuramos por não querer fruir do bem sumo e imutável, isto é, do Criador, sem dúvida louvamos este mesmo Criador. Quão bom é Deus, o Criador de todas as coisas! E como ele deve ser alardeado e honrado de modo inefável por todas as línguas e todos os pensamentos, já que não podemos nada louvar ou censurar sem louvá-lo! E não podemos reprovar por não permanecermos nele a não ser porque o nosso bem maior, sumo e primeiro é esse permanecer. Mas por que é assim a não ser por ser Ele o bem inefável? E como encontraremos em nossos pecados algo pelo qual podemos censurá-lo se a censura por nossos pecados nada é senão o seu louvor?

... reprova a natureza corrompida por seus vícios

13.38 O que se censura nas coisas que são censuradas senão o vício? Mas não se pode louvar um vício sem louvar a natureza à qual pertence. Pois, ou o que você censura está de acordo com a natureza e não é um vício – e então é você que deve ser corrigido, para que aprenda a censurar corretamente, e não aquilo que você erroneamente censura; ou, se é um vício, para que você possa censurá-lo corretamente, é necessário que ele seja contra a natureza. Com efeito, todo vício, naquilo mesmo pelo que é um vício, é contra a natureza. Pois, se não prejudica uma natureza, não é um vício. Mas, se é um vício por prejudicar uma natureza, então é um vício porque é contra esta natureza.

Se uma natureza se corrompe, não por seus vícios, mas por alheios, então ela é censurada injustamente. Deve-se então procurar saber se não se corrompeu por um vício seu aquela natureza cujo vício corrompeu uma outra. O que é viciar-se senão ser corrompido pelo vício? Mas a natureza que não é viciada carece de vício, enquanto aquela cujo vício corrompe uma outra possui certamente o seu. Assim, anteriormente viciada está e corrompida pelo seu vício a natureza cujo vício pode outra corromper.

Donde se segue que todo vício é contra a natureza, inclusive contra a natureza das coisas das quais é um vício. Portanto, já que em todas as coisas não se censura a não ser o vício e como algo é um vício enquanto é contra a natureza da coisa da qual é um vício, não se pode censurar corretamente o vício de nenhuma coisa a não ser daquilo cuja natureza louvamos. Assim, o vício apenas nos desagrada porque vicia o que nos agrada na natureza.

Capítulo 14
Nem toda a corrupção é digna de censura

A natureza não se corrompe com o vício de outros

14.39 Devemos então verificar se é possível dizer que uma natureza pode se corromper com o vício de outra, sem juntá-lo a um vício seu. Se a natureza que se aproxima com o seu vício para corromper a outra não encontra nela algo corruptível, não a corrompe. Mas, se encontra, juntando-lhe seu vício, opera sua corrupção. Com efeito, o mais forte, se não quer, não é corrompido mais fraco, mas, se quer, começa a se corromper por seu próprio vício, antes que pelo alheio.

Do mesmo modo, um igual não pode ser corrompido por um igual a não ser que queira. E, na verdade, uma natureza qualquer que tenha um vício, quando se aproxima para corromper uma outra que não tem vício, não se aproxima, por isso mesmo, como uma igual, mas como mais fraca, por causa de seu vício. E, se uma natureza mais forte corrompe uma outra impotente, ou isso acontece por meio de um vício em ambas, quando acontece por um desejo corrompido que existe nelas, ou por um vício no mais forte, quando sua natureza possui tamanha excelência que, mesmo tendo seu vício, continua a ser superior à natureza inferior que corrompe.

Quem, pois, acusa os frutos da terra porque os homens não os usam bem e, corrompidos por seus próprios vícios, também corrompem esses mesmos frutos, usando-os para sua luxúria? É preciso estar demente para duvidar que a natureza humana, ainda que viciosa, é maior e mais forte do que quaisquer frutos, ainda que estes não sejam viciosos.

Certa corrupção não se deve ao vício

14.40 Mas pode acontecer que uma certa natureza superior corrompa a inferior, sem que isso aconteça por meio de um vício em alguma delas, se por vício queremos dizer aquilo que é digno de censura. Quem, pois, ousaria censurar um homem frugal, que nada busca nos frutos além do que requer a sua natureza? Ou censuraria esses mesmos frutos, que por seu uso como alimento são corrompidos? Esse tipo de coisa não é geralmente chamado de *corrupção*, o que costuma a ser o nome usado sobretudo para a corrupção por meio do vício.

Com efeito, é fácil perceber que, em geral, uma natureza superior corrompe uma inferior sem que esteja a usá-la para satisfazer uma necessidade sua, mas, na ordem da justiça, para castigar alguma culpa. Desta regra vem o que disse o Apóstolo: *se alguém corrompe o templo de Deus, Deus irá corrompê-lo* (1Cor 3,17). Ou então acontece na ordem das coisas mutáveis, que dão lugar umas às outras segundo as leis que foram dadas da maneira mais conveniente para o vigor de cada uma das partes do universo. Assim, se o fulgor do sol corrompe os olhos de alguém, fracos para suportar a luz na medida de sua natureza, ninguém pensa que o sol deve mudar sua luz para satisfazer tal indigência. Nem o sol faz isso por um vício seu nem os próprios olhos devem ser acusados porque se submeteram ao seu senhor e foram abertos contra a luz, de modo que a própria luz os corrompesse.

Assim, de todos esses tipos de corrupção, a única que é corretamente censurada é a viciosa. As outras, ou não devem ser chamadas de corrupção ou ao menos, por não serem viciosas, não podem ser consideradas dignas de acusação. Com efeito, o próprio termo *censura* (*vituperatio*) é dito assim para indicar que se está pronto somente para o vício (*vitio parata*), ou seja, estar apto a ele e em débito.

A natureza é louvada, o vício é reprovado

14.41 O vício, como havia começado a dizer, é mal porque se opõe à natureza daquilo de que é um vício. De onde se manifesta que, com relação a essa mesma coisa que é acusada por um vício, trata-se de uma natureza digna de louvor. Assim, devemos confessar que toda censura dos vícios é um louvor das naturezas que são censuradas como vícios. Já que o vício se opõe à natureza, tanto se adiciona à malícia do vício quando se subtrai da integridade da natureza. Por isso, quando você censura um vício, você também louva aquilo cuja integridade deseja. E seria integridade de quê, se não da natureza? Uma natureza que é perfeita não apenas não é digna de nenhuma censura, mas também, em sua espécie, é digna de louvor. Assim, você chama de vício aquilo que você reconhece faltar na perfeição de uma natureza, mostrando que você gosta dela e, censurando sua imperfeição, que você quer que ela seja perfeita.

Capítulo 15
Os defeitos das criaturas nem sempre são culpáveis

É preciso abandonar as coisas temporais

15.42 Se a censura dos vícios manifesta o valor e a dignidade das naturezas das quais eles são vícios, quanto mais Deus, criador de todas as naturezas, deveria ser louvado até mesmo nesses vícios? Pois é por causa dele que existem naturezas. Elas são viciosas na medida em que se afastaram dos desígnios pelos quais foram feitas, sendo censuradas, com razão, na medida em que quem as censura vê o desígnio pelo qual foram feitas, e, assim, censura nelas o que não vê ali. E, se o desígnio pelo qual todas as coisas foram feitas, isto é, a suprema e imutável sabedoria de Deus, é verdadeira e suprema, como de fato é, observe para onde vai aquilo que dela se afasta.

Um tal defeito, no entanto, não seria digno de censura se não fosse voluntário. Considere então, eu peço, se você não está a censurar aquilo que é da maneira como devia ser. Penso que não: essas coisas não são como deveriam ser. Mas ninguém deve o que não recebeu. E a quem se deve senão a quem deu o que se recebeu? Além disso, o débito que se paga ao se devolver algo, é pago para quem havia dado antes aquilo que foi devolvido. E quem paga aos justos sucessores dos credores, a esses mesmos credores paga, pois aqueles são por direito sucessores destes. De outro modo, não seria chamado *devolução*, mas *cessão, perda* ou algo deste tipo.

Por isso, as coisas temporais foram colocadas na ordem do todo de tal maneira que as coisas futuras só podem lhes suceder se antes elas deixarem de existir, de modo que toda a beleza dos tempos seja alcançada segundo o seu gênero. E assim, é absurdo dizer que não deviam deixar de existir. Elas agem segundo o que receberam e devolvem tudo o que são a Ele, a quem devem o que são. Quem lamenta que essas coisas deixam de existir deveria prestar atenção na própria fala, esta mesma pela qual expressa sua queixa, julgando se ela é justa e se procede da prudência. Pois, se alguém estima uma pequena parte de sua fala enquanto mero som, e não quer que ela deixe de existir para dar lugar a uma outra parte, devemos considerá-lo louco, já que o todo da fala se forma a partir das coisas que antecedem e sucedem.

É preciso saldar a dívida...

15.43 Assim, com relação às coisas que cessam de existir porque não receberam um ser posterior, e isso para que tudo aconteça no seu próprio tempo, ninguém pode censurá-las por definharem, pois não se pode dizer: "deveriam permanecer", já que elas não podem ultrapassar as fronteiras que receberam.

E com relação às criaturas racionais, nas quais, tendo pecado ou não, a beleza do universo alcança sua forma mais adequada, o mais absurdo seria dizer que não há pecado, pois menos peca quem diz ser pecado aquilo que não é. Não menos absurdo seria considerar que os pecados não devem ser censurados, pois então começaríamos a louvar coisas que não foram feitas retamente, o que perturbaria toda a orientação da mente humana e subverteria a própria vida. E seria uma execrável loucura se censurássemos aquilo que foi feito tal como deveria tê-lo sido, ou, para falar de um modo mais gentil, um erro miserável. Mas, se o raciocínio mais verdadeiro nos força, como de fato nos força, a censurar os pecados, o que corretamente censuramos é censurado porque não é como deveria ser.

Investigue o que deve a natureza pecadora e você encontrará o agir bem. Pergunte a quem se deve e encontrará Deus, de quem recebeu o poder de bem agir quando quiser e de quem também recebeu o desígnio de ser infeliz se assim não agir, mas de ser feliz se o fizer.

... ou restituindo ou suportando o que devemos

15.44 Já que ninguém supera as leis do Criador onipotente, não é permitido à alma não pagar o seu débito. E ela o paga usando bem o que recebeu. Ou então perdendo o que não queria usar bem: se não paga fazendo a justiça, retribui padecendo a infelicidade, já que, em ambos os casos, o termo *pagar* é aplicável. Podemos expressar isso desta forma: se não se paga fazendo o que se deve, se paga sofrendo o que se deve.

Nenhum intervalo de tempo divide essas coisas, como se em um momento alguém não fizesse o que deve e em outro sofresse o que deve. E, por isso, em nenhum ponto do tempo a beleza do universo é perturbada, como se a desgraça do pecado existisse sem a graça da punição. Tudo aquilo que agora é punido de maneira oculta, no juízo futuro se manifestará e trará o amargo senso da infelicidade. Tal como quem não está acordado dorme, quem não faz o que deve, sem nenhum intervalo de tempo, sofre o que deve, pois tamanha é a bem-aventurança da justiça que ninguém pode se afastar dela sem cair na infelicidade.

Portanto, em todos os defeitos, as coisas que definham não recebem mais um ser ulterior. E não há nenhuma culpa nisso, assim como, quando existiam, não havia culpa em não terem recebido mais ser que o que possuíam. Ou então, não quiseram o ser, mas, se o quisessem, o teriam recebido. E, porque o ser que teriam recebido é bom, é uma ofensa não o terem querido.

Capítulo 16
Não podemos imputar a Deus os nossos pecados

Deus não deve nada...

16.45 Deus não deve nada a ninguém, pois provê gratuitamente todas as coisas. E, se alguém diz que Ele lhe deve algo por causa de seus merecimentos: a sua existência, certamente, não é um merecimento seu, pois, antes de existir, não havia ninguém para merecer algo. Mas, se é assim, que mérito próprio há em se converter a Deus, causa de seu ser, de modo que a partir dele, de quem você recebeu o ser, você possa ser ainda mais? O que você deu anteriormente a Ele, que agora exige como débito?

Se você não quisesse se converter a Deus, nada faltaria a Ele, mas Ele lhe faltaria. Pois sem Deus, você não seria nada. É a partir dele que você é algo, de tal maneira que, a não ser que você lhe retribua se convertendo a Ele, a partir de quem você é, não é que você nada será, mas será infeliz. Todas as coisas devem algo a Deus: em primeiro lugar, aquilo que elas são, enquanto naturezas; em seguida, a possibilidade de serem melhores se o quiserem, bem como tudo o que receberam quando o quiseram; por fim, tudo o que convém que sejam. E ninguém é culpado por aquilo que não recebeu, mas é culpado, com justiça, se por não ter feito aquilo que devia fazer. Tem uma dívida, portanto, por ter recebido a vontade livre e uma capacidade mais que suficiente.

... nós tudo o que somos, exceto o pecado

16.46 Quando alguém não faz o que deve, não tem nenhuma culpa o Criador. Sua falta se torna louvor, quando sofre o que deve, pois, na própria censura por não ter feito o que deve, é louvado Aquele a quem se deve. Se você é louvado quando vê o que deve fazer, ainda que não o veja a não ser naquele que é a Verdade imutável, quanto mais será louvado Deus, que lhe deu o querer, forneceu o poder e não permitiu que o não querer ficasse impune?

Se cada um deve o que recebeu e se o homem foi feito de tal modo que foi necessário que pecasse, ele deve isto: o pecar. E assim, quando alguém peca, faz o que deve. Mas se é criminoso dizer isso, ninguém, por sua própria natureza, está forçado a pecar, tampouco pela natureza de outro. Ninguém peca se sofre o que não quer. Se sofre justamente, não peca por sofrer o que não quer, mas por aquilo que quis fazer, de modo que sofre com justiça o que não quer. E, se sofre injustamente, como pecaria? Não é pecado sofrer algo injustamente, mas fazer algo injustamente. Mas, se nem por sua própria natureza nem por uma outra somos forçados a pecar, resta que pecamos pela vontade própria.

Se você quer atribuir pecado ao Criador, deverá desculpar o pecador, dizendo que este não fez nada além do que lhe foi instituído. Mas, se você defende com acerto, então ele não pecou e, assim, não há nada a se atribuir ao Criador. E louvemos ao Criador se o pecador pode ser defendido! Mas o louvemos também se não o pode.

Pois, se é defendido justamente, não é pecador. Louvemos então o Criador! E se não pode ser defendido, é pecador na medida em que se afastou do Criador. Louvemos então o Criador! Não encontro e afirmo que não pode ser encontrada maneira nenhuma, pois não existe, de atribuirmos ao Criador os nossos pecados. Encontro-o digno de louvor! Não apenas porque Ele pune os pecados, mas também porque os pecados somente acontecem quando alguém se afasta da verdade de Deus.

Evódio. Aceito essas coisas de bom grado e as aprovo. De todos os modos admito que é verdade que, de nenhuma maneira, pode acontecer que ao nosso Criador sejam atribuídos os nossos pecados.

Capítulo 17
A vontade é a primeira causa do pecado

A quem objeta que nós pecamos devido à presciência de Deus...

17.47 Mas gostaria de saber, se possível: por que não peca aquela natureza que Deus previu que não haveria de pecar e por que peca a que Ele previu que pecaria? Pois já não creio que é a presciência de Deus que força umas a pecar e outras não. Mas, se não houvesse nenhuma causa do pecado, as criaturas racionais não se dividiriam assim: as que nunca pecam, as que perseveram no pecado e as que ficam no meio termo, pecando às vezes e às vezes se convertendo ao reto agir. Por que elas se distribuem nesses três grupos?

Não quero que me seja respondido: "é a vontade". Procuro a causa da vontade. Pois não é sem alguma causa que algumas criaturas nunca quiseram pecar, outras sempre o quiseram e ainda outras de vez em quando o querem e de vez em quando não. Todas elas são todas do mesmo gênero. Apenas isto me parece claro: que não é sem causa que existe essa vontade tripartida entre as criaturas racionais. Mas qual seja ela, ignoro.

... responde que a raiz dos pecados...

17.48 Agostinho. Já que a vontade é a causa do pecado, você se pergunta a respeito da causa da própria vontade? Se eu pudesse encontrá-la, você também não perguntaria sobre a causa desta causa que foi encontrada? E qual seria o modo de investigação? Qual seria o fim da busca e da discussão?

Não convém buscar para além da raiz. Tome cuidado, assim, em não pensar que se possa afirmar algo de mais verdadeiro do aquele dito: "a raiz de todos os males é a avareza" (1Tm 6,10), ou seja, querer mais que o suficiente. E é o suficiente o quanto a natureza, em seu gênero, exige para a medida de sua conservação. A avareza, que se diz em grego *philargyría*, não deve ser entendida apenas com respeito à prata ou moedas, de onde o nome é derivado (pois mais frequentemente os antigos faziam as moedas de prata ou de uma mistura à base de prata), mas de todas as coisas que são desejadas imoderadamente, sempre que alguém quer ter mais que o suficiente. Esta avareza é cupidez e a cupidez é a vontade ímproba. Portanto, a vontade improba é a causa de todos os males.

Pois a vontade, se estivesse em conformidade com a natureza, certamente a conservaria e não seria perniciosa. Assim, tampouco seria ímproba. De onde se segue que a raiz de todos os males é não existir segundo a natureza, o que é suficiente para nos colocarmos contra todos aqueles que querem acusar as naturezas. E se você se pergunta sobre a causa dessa raiz, como seria ela raiz de todos os males? Se a encontrasse, como eu disse, então você procuraria, por sua vez, a sua causa e nossa busca não teria fim.

... é a própria vontade

17.49 E qual poderia ser a causa da vontade anterior à vontade? Ou é a própria vontade e, assim, não nos afastamos da raiz da vontade ou não é vontade e, então, não há nenhum pecado. Assim, ou é a própria vontade a causa do pecar ou não há nenhum pecado na primeira causa do pecar. E não se pode imputar corretamente o pecado a não ser a quem peca. Portanto, não se pode retamente imputar o pecado a não ser a quem o queira. E não sei por que você deseja procurar além. Mas qualquer que seja a causa da vontade, certamente ela é justa ou é injusta. Se justa, quem quer que a obedeça não pecará. Se injusta, se não a obedecer, não pecará.

Capítulo 18
Pode alguém pecar naquilo que não pode evitar?

... portanto, podemos não pecar

18.50 Evódio. E se a causa é violenta e nos obriga contra a nossa vontade?

Agostinho. Quantas vezes iremos responder o mesmo? Recorde todas aquelas coisas que dissemos antes sobre o pecado e a vontade livre. E se é trabalhoso reter tudo na memória, retenha este breve resumo: qualquer que seja a causa da vontade, se não se pode resistir a ela, não há pecado em ceder. Mas, se é possível, não se ceda a ela e não haverá pecado.

Evódio. E se ela engana o incauto?

Agostinho. Então que ele tome cuidado em não ser enganado.

Evódio. Mas, e se ela for tão enganosa que é impossível se precaver?

Agostinho. Se assim é, então não há pecado. Pois como alguém poderia pecar se não há um modo de se cuidar? Houve pecado? Então foi possível se cuidar.

Mediante a condenação do pecado...

18.51 No entanto, existem ações cometidas por ignorância que devem ser reprovadas e que se julga que devem ser corrigidas, como lemos nas Sagradas Escrituras. Pois disse o Apóstolo: "consegui a misericórdia porque agi por ignorância" (1Tm 1,13). E disse o Profeta: "dos delitos de minha juventude e minha ignorância, não se lembre" (Sl 24,7). Existem também ações reprováveis feitas por necessidade, quando o homem quer agir retamente e não pode. Aqui também, segundo as Sagradas Escrituras, "não faço o bem que quero, mas o mal que não quero, isso pratico" (Rm 7,19). E isto: "o querer o bem me está presente, mas não encontro como realizá-lo" (Rm 7,18). Também: "a carne deseja o contrário do espírito e o espírito, o contrário da carne; eles se opõem mutuamente, de modo que você não faz o que quer" (Gl 5,17). Mas todas essas coisas vieram ao homem a partir da danação da morte. Se não fossem um castigo ao homem, mas sua natureza, não haveria pecado algum. Se não se afastam da maneira segundo a qual o homem naturalmente foi feito, de modo que ele não pode fazer melhor, então faz o que deve quando faz coisas assim. Mas, se é bom ao homem que ele fosse de outra maneira e se não é bom que ele seja tal como agora é, mas não está em seu ser poder bom, seja porque não vê como deve ser, seja porque o vê, mas não consegue ser como vê que deveria ser, quem duvidaria que isso é um castigo?

Todo castigo, se é justo, é um castigo pelo pecado e se chama punição. Mas, se é um castigo injusto, já que ninguém duvida que seja um castigo, então foi imposto por algum governante injusto. Mas, como duvidar da onipotência e justiça de Deus é uma loucura, esse castigo é justo e devido a algum pecado. Pois não existiria um governante capaz de surrupiar o homem da autoridade divina, como que ignorando Deus, nem capaz de obrigar a Deus, contra a sua vontade, por temor ou violência, como se Ele fosse mais fraco, a atormentar o homem com um castigo injusto. Resta-nos então que é justo o castigo que vem da danação do homem.

... ficamos sujeitos à ignorância e à dificuldade...

18.52 E não se deve admirar que, por ignorância, não tenhamos o livre arbítrio da vontade para escolher agir corretamente. Ou então, vemos qual é a ação correta, a desejamos, mas, por causa da resistência dos hábitos carnais, que, pela violência de nossa herança mortal, nos envolve naturalmente de alguma maneira, não podemos executá-la.

Esta é a pena justíssima do pecado: que se perca o que não se quis usar bem quando era possível fazê-lo sem nenhuma dificuldade, se o quisesse. Isto é, aquele que, sabendo o que é o correto, não o faz, perde a capacidade de saber o que é o correto. E, quem quando pode agir corretamente, não o quer, perde o poder fazê-lo quando quer. São essas as duas punições reais para toda a alma pecadora, a ignorância e a dificuldade. Por meio da ignorância, o erro a desgraça a afligem e, pela dificuldade, os flagelos. Pois, aprovar o falso no lugar do verdadeiro, de modo que se erre sem querer, bem como não ser capaz, por causa da resistência e dos dolorosos tormentos do vínculo carnal, de se abster das obras libidinosas não é próprio da natureza estabelecida no homem, mas punição para os condenados. Por outro lado, quando falamos da vontade livre para agir retamente, falamos daquela vontade com a qual o homem foi feito.

CAPÍTULO 19
A IGNORÂNCIA E A DIFICULDADE TRANSMITIDAS PELO PECADO DE ADÃO NÃO JUSTIFICAM OS PECADOS

... as quais vencemos pela graça de Deus...

19.53 Aqui aparece uma questão que faz resmungarem os homens que costumam murmurar, esses que estão preparados a colocar a culpa em qualquer coisa menos neles mesmos ao pecar. Eles dizem: "se Adão e Eva pecaram, o que nós, infelizes, fizemos para termos nascido com a cegueira da ignorância e os tormentos da dificuldade? Pois primeiro erramos por ignorar o que devemos fazer. E então, quando para nós começaram a se abrir os preceitos da justiça, quisemos cumpri-los, mas não o conseguimos, por causa do desejo carnal que nos retém e não sei que necessidade".

A estes, respondo brevemente para que se aquietem e deixem de murmurar contra Deus. Talvez se queixassem corretamente se não existisse nenhum homem que tivesse vencido o erro e o desejo desordenado. Mas o Senhor está presente em toda parte e de muitos modos e, por meio das criaturas, chama para si o servo que se afastou. Ele ensina o que crê, consola o que espera, exorta o diligente, ajuda quem se esforça e ouve quem lhe pede. Assim a culpa desses homens não está em ignorar sem o querer, mas em ser negligente em procurar o que ignora. Tampouco em não conseguir juntar os membros feridos, mas em desprezar quem quer lhes curar. Estes são os seus pecados. Pois nenhum homem foi privado de procurar saber, com utilidade, aquilo que inutilmente ignora, nem de confessar com humildade as suas fraquezas, para que, ao procurar e confessar, venha em seu auxílio Ele que não erra quando ajuda e não se cansa.

... já que são pena do pecado...

19.54 Com efeito, aquilo que, por ignorância, alguém faz quando não age retamente, bem como aquilo que não consegue fazer, quando quer retamente, isso é chamado *pecado* porque tem sua origem no pecado da livre vontade. O pecado que precedeu mereceu aqueles que se seguiram. Pois, tal como chamamos de língua não apenas o membro que movemos na boca quando falamos mas também aquilo que se segue do movimento deste membro, isto é, a forma e a entonação das palavras, de modo que falamos em língua grega e língua latina, também não apenas chamamos de pecado o que propriamente é chamado de pecado, ou seja, aquilo que se faz com a vontade livre e conscientemente, mas o que se segue necessariamente como castigo.

Da mesma maneira, falamos de natureza de um modo, quando falamos propriamente da natureza do homem, a que foi feita por primeiro, inculpável em seu gênero, e de outro modo quando falamos desta pela qual nascemos mortais, ignorantes e escravos da carne, como castigo por nossa condenação. Esta última é o sentido segundo o qual o Apóstolo disse: "e éramos, também nós, por natureza, tal como os outros, filhos da ira" (Ef 2,3).

CAPÍTULO 20
QUALQUER QUE SEJA A DOUTRINA VERDADEIRA ACERCA DA ORIGEM DAS ALMAS, NÃO É INJUSTO QUE AS CONSEQUÊNCIAS DO PECADO DE ADÃO TENHAM PASSADO AOS SEUS DESCENDENTES

... a qual procede do primeiro casal...

20.55 Com absoluta justiça, aprouve ao sumo Deus, que governa todas as coisas, que tenhamos nascido daquele primeiro casal na ignorância, na dificuldade e na mortalidade, pois, quando eles pecaram, foram precipitados no erro, na tribulação e na morte. Assim, na origem do homem apareceria a justiça daquele que pune e, no decorrer da vida, a misericórdia daquele que liberta. Pois, quando o primeiro homem foi condenado, sua felicidade não lhe foi retirada de modo que também perdesse a sua fecundidade. Portanto, sua prole, ainda que carnal e mortal, pôde se tornar, em seu gênero, uma certa beleza e adorno para a Terra. Com efeito, não era justo que ele gerasse filhos melhores do que ele próprio. Mas, quem quer que desejasse se converter a Deus, de modo a superar o castigo que foi merecido pelo afastamento original, era conveniente não apenas que não fosse impedido, mas também ajudado. Dessa forma, o Criador de todas as coisas mostrava com quanta facilidade o homem podia, se quisesse, manter-se tal como foi feito, já que a sua prole se tornou capaz até mesmo de superar a situação na qual nascera.

... quer uma alma ou todas elas tenham sido criadas...

20.56 Se primeiro apenas uma alma foi feita, a partir da qual foram tiradas as de todos os homens que nasceram, quem poderia dizer que não pecou quando o primeiro homem pecou? E, se a alma de cada um dos que nasceram surgiu individualmente, não é perverso, mas bastante conveniente e ordenado que os deméritos do anterior estejam na natureza do posterior, tal como o mérito do posterior já se encontra na natureza do anterior. O que há de indigno, pois, se também assim o Criador quis mostrar em que medida a dignidade da alma é superior a das criaturas corporais, de modo que o ponto de partida de uma alma possa ser aquele no qual a outra caiu? Quando a alma pecadora chega à ignorância e dificuldade, dizemos corretamente que isso é um castigo, já que ela era antes melhor. Entretanto, se uma alma, não apenas antes do pecado, mas antes de toda a sua vida, já começa a existir em um estado igual ao que uma outra chegou somente após uma vida culpável, ainda assim, ela não possui um bem pequeno, pois já ao nascer, logo em seu início, ela é melhor que o corpo mais perfeito. Portanto, deve dar graças a seu Criador!

Pois não é um bem de pouco valor que ela não seja apenas uma alma, cuja natureza ultrapassa a de todo corpo, mas também que tenha a faculdade, com a ajuda do Criador, de cultivar a si mesma e, por um piedoso empenho, de ser capaz de adquirir e possuir todas as virtudes pelas quais será libertada dos tormentos das dificuldades e da cegueira da ignorância. Se é assim, a ignorância e a dificuldade não serão castigos do pecado para essas almas que nasceram, mas exortação ao progresso e início de perfeição.

E não é pouca coisa ter recebido, antes do mérito de qualquer boa obra, o juízo natural, por meio do qual ela prefere a sabedoria em vez do erro e a paz em vez da dificuldade, de modo que, não por seu nascimento, mas por sua diligência, ela possa alcançá-las.

É quando a alma não quer agir que, com justiça, ela é acusada de pecado, já que não usou bem a faculdade que recebeu. Pois, ainda que tenha nascido na ignorância e na dificuldade, nenhuma necessidade a forçava a permanecer na situação na qual nascera. E, de modo algum, ninguém a não ser o Deus onipotente poderia ser o criador dessas almas, que Ele fez sem ser amado e as quais, sendo amado, retificou. Quando ainda não existiam, Ele lhes deu o ser e, quando o amaram, a Ele a partir do qual existem, elas se tornaram felizes.

... quer já existam e sejam introduzidas nos corpos

20.57 Mas se as almas já existiam em algum lugar secreto de Deus, de onde são enviadas para animar e governar os corpos de cada um dos indivíduos que vão nascendo, certamente foram enviadas com o propósito de bem conduzir o corpo que nasce com a pena do pecado (ou seja, com a mortalidade do primeiro homem), isto é, de corrigi-lo pelas virtudes e submetê-lo a uma servidão absolutamente ordenada e legítima. Assim, lhe preparará, na ordem e no tempo oportuno, um lugar na incorrupção celeste. Essas almas, quando entram nesta vida e se sujeitam a reger os membros mortais, devem também se submeter ao esquecimento da vida anterior, bem como aos presentes labores. Daí se seguem a ignorância e dificuldade, que, no primeiro homem, foram o castigo da mortalidade, de modo que fosse expulsa a miséria da alma. E, para as outras almas, são como que uma porta para a tarefa de recuperar a incorruptibilidade do corpo. E, desse modo, não se diz que são pecados, a não ser porque a carne, que surge a partir da geração de um pecador, causa nas almas às quais vem a ignorância e a dificuldade. E isso não deve ser atribuído como culpa nem a elas nem ao Criador.

Pois Deus lhes deu a faculdade de agir bem nos deveres penosos, o caminho da fé em meio à cegueira do esquecimento, e, sobretudo, a faculdade do juízo, pela qual toda alma reconhece que deve procurar aquilo que é prejudicial ignorar e que precisa tanto se esforçar perseverantemente no cumprimento de seus deveres para vencer a dificuldade de agir bem quanto implorar o auxílio do Criador, de modo que Ele a ajude em suas tentativas. Pois, seja exteriormente, pela lei, seja por uma alocução no íntimo do coração, Deus ordena que devemos nos esforçar. Ele prepara a glória da cidade bem-aventurada para aqueles que triunfam sobre aquele que conduziu o primeiro homem até a infelicidade por uma persuasão má, aceitando essa infelicidade para que o vençam por meio da excelência da fé. E não é uma pequena glória vencer o diabo aceitando aquele mesmo castigo pelo qual ele se gloria de ter vencido o homem. Quem quer que negligencie isto, capturado pelo amor desta vida, não poderá imputar, de maneira nenhuma, o justo castigo de sua deserção a uma ordem do rei. Pelo contrário, será submetido ao Senhor de todas as coisas (isto é, o demônio) e estará em seus domínios, pois de tal maneira lhe aprouve o seu torpe estipêndio que desertou do próprio campo em que militava.

... quer venham espontaneamente

20.58 Mas, se as almas foram estabelecidas em um outro lugar e não foram enviadas pelo Senhor Deus, mas, por sua própria vontade vieram a habitar os corpos, então é fácil ver que qualquer ignorância e dificuldade que se seguiu foi a partir desta vontade que surgiu. Assim, de nenhum modo, o Criador deve ser culpado por isso. E, ainda que Ele as tivesse enviado, mesmo assim não teria culpa alguma, pois, não lhes privou, em sua ignorância e dificuldade, da vontade livre para pedir, buscar e se esforçar. Pois Ele dará às almas que pedem, se manifestará às que procuram e abrirá as portas a quem nelas bate. Ele fornece, às almas diligentes e de boa vontade, a força para superar a ignorância e a dificuldade, bem como para ganhar a coroa da glória. E quanto às almas negligentes, que querem se desculpar de seus pecados por meio de sua fraqueza, Ele não reprova como um crime sua ignorância e dificuldade. Mas, porque preferiram permanecer assim, em vez de chegar à verdade e a facilidade por meio do zelo em procurar e aprender, bem como na humildade de se confessar e orar, Ele as pune com um justo castigo.

Capítulo 21
Em que coisas o erro é pernicioso

Deve-se falar cautelosamente da alma e de Deus

21.59 Existem quatro opiniões a respeito da alma: (1) elas surgem da geração de uma só; (2) a cada corpo que nasce surge uma nova alma; (3) as almas já existentes em algum lugar, quando os corpos nascem, são divinamente enviadas a eles; (4) por sua própria vontade descem aos corpos. Não convém afirmar apressadamente nenhuma delas. Pois, ou essa questão não foi ainda desenvolvida e esclarecida pelos comentadores católicos das Sagradas Escrituras, por causa de sua perplexa obscuridade, ou, se isso já foi feito, essas obras ainda não chegaram, de qualquer modo, às nossas mãos. Assim, esteja-nos presente somente a fé, para que não opinemos nada falso e indigno a respeito da substância do Criador. A Ele, pois, nos dirijamos pelo caminho da piedade. Pois, se temos alguma opinião a seu respeito diversa do que de fato é, nossa intenção nos leva não à felicidade, mas à futilidade. A respeito das criaturas, entretanto, se temos uma opinião contrária ao que efetivamente se dá, não há aí nenhum perigo, na medida em que não consideremos tal opinião como algo de fato conhecido e percebido. É que não nos é prescrito nos dirigirmos às criaturas para que nos tornemos felizes, mas ao próprio Criador. Por isso, se nos persuadem que Deus é diferente do que é o caso, somos enganados com o erro mais pernicioso. Com efeito, ninguém pode alcançar a vida feliz indo em direção ao que não é ou, se é, não nos faz feliz.

A fé está à disposição da razão...

21.60 Para contemplar a verdade eterna, de modo que consigamos dela fruir e a ela aderir, foi nos proporcionada, para a nossa fraqueza, uma via a partir das coisas temporais: que creiamos nas coisas passadas e futuras apenas na medida em que é suficiente para o caminho daqueles que se dirigem às coisas eternas. O ensino da fé, enquanto tem uma autoridade superior, é governado pela misericórdia divina. Mas as coisas presentes, na medida em que dizem respeito às criaturas, são percebidas pela mobilidade e mutabilidade do corpo e da alma, como coisas passageiras. No que diz respeito a essas coisas, não podemos ter nenhum tipo de conhecimento se não as experimentamos. Portanto, tudo aquilo que é narrado a respeito das criaturas, sejam coisas passadas, sejam futuras, devemos nelas crer por meio da autoridade divina. Ainda que uma parte deles tenha passado sem que o tenhamos percebido, outra parte ainda não chegou aos nossos sentidos. Entretanto, já que são valiosas para fortalecer a nossa esperança e encorajar o nosso amor, enquanto nos ensinam, por meio da bem ordenada série dos tempos, que Deus não negligencia a nossa libertação, devemos sem nenhuma dúvida acreditar nelas.

Qualquer erro que assume a máscara da autoridade divina será refutado da melhor maneira pelas seguintes razões: se é provado que se acredita ou se afirma que existe alguma espécie mutável além das criaturas de Deus, que existe uma espécie mutável na substância de Deus ou se pretende que esta substância de Deus é mais ou menos que a Trindade. Pois é para compreender pia e sobriamente a Trindade que se aplica toda a vigilância cristã e é nessa direção que se dirige todo o progresso. Mas, a respeito da unidade e da igualdade na Trindade e o que é propriedade de cada uma das Pessoas singulares, aqui não é o lugar para se falar a esse respeito. Com efeito, poderíamos relembrar algo que pertença à nossa fé muitíssimo salutar e que diga respeito ao Senhor nosso Deus, autor, formador e ordenador de todas as coisas. É com coisas assim que nutrimos aqueles que são como criancinhas lactantes, que começam a se elevar das coisas terrenas para as celestes, pois elas são um apoio útil para essa intenção. Seria fácil fazer tais considerações e, de fato, muitos já as fizeram. Contudo, tratar de modo completo desse assunto e de tal maneira desenvolver a questão que, pela evidência da argumentação, se conquiste todo ser humano inteligente, na medida em que isso é possível nesta vida, não parece ser algo rápido ou fácil de se alcançar, nem pela eloquência nem pela reflexão de pessoa alguma, ou, ao menos, é certamente demais para mim.

Mas, conforme estabelecemos e na medida em que formos ajudados e tivermos permissão, continuemos: tudo o que diz respeito às criaturas, seja o que foi narrado a respeito das coisas passadas, seja o que é predito a respeito das futuras, e que servem para recomendar a religião em sua integridade, excitando-nos a um amor muito sincero a Deus e ao próximo, isso devemos crer sem nenhuma dúvida. Essas coisas devem ser defendidas contra os incrédulos, de tal maneira que o peso da autoridade esmague a incredulidade ou então que a eles seja manifestado, na medida do possível, em primeiro lugar, que não é tolo crer em tais coisas e, em seguida, que é tolo não crer nelas. E devemos refutar as falsas doutrinas que dizem respeito não tanto ao passado e ao futuro, mas ao presente e, sobretudo, às coisas imutáveis, persuadindo, na medida do possível, pela evidência da argumentação.

... para conhecer o futuro e o passado

21.61 Na verdade, na série das coisas temporais, deve-se preferir a expectativa das coisas futuras à inquisição das passadas. Com efeito, nos Livros sagrados as coisas passadas que são narradas servem de prefiguração, promessa ou testemunho das futuras. De fato, com relação ao que diz respeito a esta vida, sejam elas prósperas ou adversas, ninguém se preocupa muito com o que aconteceu, pois todo o ardor de nossas preocupações se concentra naquilo que esperamos do futuro. Não sei por que sentimento íntimo e natural, as coisas que nos aconteceram, por já terem se passado, se colocam diante de nosso atual momento de felicidade ou infelicidade como se nunca tivessem acontecido.

E o que me falta se não sei quando comecei a existir, se sei que existo e não me desespero de existir no futuro? Não temo como a um erro pernicioso uma opinião contrária ao que de fato aconteceu, pois não dou atenção às minhas coisas passadas, mas dirijo meu caminho ao que serei no futuro, tendo por guia a misericórdia de meu Criador. Portanto, devo tomar grande cuidado em não crer ou pensar algo diferente do que se dá de fato no que diz respeito a quem serei no futuro e quem é Ele junto ao qual estarei, para evitar que eu falhe em fazer preparação necessária ou atingir a finalidade de meus propósitos ao ter confundido as coisas. Para comprar uma veste, não me prejudicaria ter me esquecido do inverno passado, mas eu seria prejudicado em não crer que o frio se aproxima. Do mesmo modo, nada faltaria à minha alma se eu tivesse me esquecido do que talvez tenha se passado, desde que considerasse com cuidado e tivesse em mente aquilo para o qual me foi advertido que preparasse. Por exemplo, em nada prejudicaria a um navegante que se dirige a Roma se escapasse de sua memória onde fica o porto do qual o navio saiu, desde que não ignore para onde dirigir a sua proa desde o lugar onde está. Ele não ganharia nada em se lembrar de que porto começou seu caminho se batesse nas pedras por pensar algo falso a respeito do porto romano. Da mesma maneira, se não me lembro do começo de minha vida, não há para mim nada que me falte, desde que eu saiba onde está o fim no qual repousarei. E não ganharei coisa alguma com a lembrança ou conjectura sobre o começo da minha vida se, a respeito do próprio Deus, que é o único fim dos trabalhos da alma, eu tiver uma opinião diferente da que é digna e, por isso, me precipitar nos penhascos do erro.

... porque a razão falha

21.62 Mas este discurso não deve levar ninguém a considerar que proibimos quem é capaz de investigar, segundo as Escrituras divinamente inspiradas, se as almas se propagam a partir de outras almas, se surgem em cada corpo que dão vida, se são enviadas de algum lugar para reger os corpos por ordem divina ou se introduzem-se ali por vontade própria. Isso, caso a razão exija que estas coisas sejam consideradas para que se resolva alguma questão necessária ou se nos é concedido tempo livre de coisas mais necessárias para que sejam investigadas e que falemos sobre elas. Mas escrevi tudo isso para que ninguém se irrite apressadamente com alguém que, talvez por dúvidas muito humanas, não cede à sua opinião ou ainda, caso alguém compreenda algo de certo e lúcido a esse respeito, para que não considere que os outros tenham perdido a esperança nas coisas futuras por não se lembrarem de suas origens passadas.

CAPÍTULO 22
SE A IGNORÂNCIA E A DIFICULDADE SÃO CONATURAIS AO HOMEM, NÃO É POR ISSO QUE SE DEVE DEIXAR DE LOUVAR AO CRIADOR

O pecado deve ser justamente punido

22.63 Como for, quer abandonemos este problema completamente, quer o deixemos por um tempo para considerar outras coisas, nada disso impede a presente questão: que não é menos manifesta a mais íntegra, justa, irredutível e imutável majestade e substância do Criador por sofrerem as almas castigos por causa de seus pecados. Pois os pecados, como já por muito tempo discutimos, não devem ser atribuídos a nada além da vontade própria. E não se deve procurar deles uma causa ulterior.

... qualquer que seja a ignorância e a dificuldade

22.64 Se a ignorância e as dificuldades são naturais, é a partir delas que a alma começa a progredir e se elevar ao conhecimento e a paz até que, por meio delas, alcance a vida feliz. E não lhe é negada a capacidade para esse progresso, a partir de seus melhores esforços e de sua piedade. Se, então, por sua própria vontade, ela for negligente, é justo que se precipite em uma ignorância e dificuldades ainda mais graves, o que já é uma punição. E será colocada junto aos seres inferiores segundo o mais adequado e conveniente governo. Pois não é por desconhecer e ser incapaz que a culpa é imputada à alma, mas por não se esforçar em saber e não se dedicar a adquirir a facilidade de agir bem.

Com efeito, não saber nem poder falar é natural às criancinhas. E esta ignorância e dificuldade na fala não apenas não são consideradas culpáveis segundo as regras dos gramáticos, mas também são doces e agradáveis aos afetos humanos. Pois elas não negligenciam a aquisição desta faculdade por causa de algum vício nem, por algum vício, perdem o que haviam adquirido. Por isso, se nossa felicidade fosse constituída pela eloquência e fosse considerado um crime pecar contra o som da língua, do mesmo modo como se peca com as ações da vida, certamente ninguém poderia ser acusado por sua infância, já que é a partir dela que se começa a buscar a eloquência. Mas, certamente, com razão seria censurado aquele que, pela perversidade de sua vontade, tivesse recaído ou permanecido em sua condição primeira.

Assim também, se a ignorância da verdade e a dificuldade do bem fossem naturais à alma, sendo o lugar por onde ela começa seu caminho à felicidade da sabedoria e da paz, ninguém poderia com acerto censurá-la por esse início natural. Mas, se ela não quer progredir ou se quer retroceder em seu progresso, com justiça e merecimento sofre seu castigo.

Seja louvado Deus que cria e salva

22.65 O Criador é louvado em toda parte porque, desde o começo, colocou na alma a capacidade para o sumo Bem, a ajudou em seu progresso, plenificou e aperfeiçoou os que progridem. Quanto aos que pecaram, isto é, os que recusaram desde seu início a se elevarem à perfeição ou os que retrocederam após algum progresso, Ele os ordenou à mais justa condenação, segundo os seus merecimentos. Pois a alma não foi criada má, mas ela não é tão perfeita quanto a capacidade que recebeu de vir a sê-lo em seu progresso. E as perfeições de todos os corpos são muito inferiores às suas, mesmo em seu início, ainda que em seu gênero elas sejam julgadas dignas de louvor por quem quer que julgue as coisas com sanidade.

Assim, se a alma ignora o que deve fazer, isso ocorre porque ainda não recebeu sua perfeição. Mas a receberá se usar bem o que já recebeu: a capacidade de buscar diligente e piedosamente, se quiser. E, já que quando conhece o que deve fazer, nem sempre o consegue realizar, é que ainda não recebeu essa capacidade. Sua parte mais sublime se adiantou, a que percebe o bem que deve fazer. Mas a outra parte, mais devagar e carnal, não se conduz a partir desta percepção. Por causa de tal dificuldade, exorta-se à alma que ela invoque Aquele que a auxilia em sua perfeição, que ela percebe ser o autor de seu início.

Com isso, Ele se torna mais caro para ela, já que não é por suas forças, mas por Sua bondade que ela existe e por sua misericórdia que será elevada à felicidade. E quanto mais ela é amada por Ele, a partir do qual ela existe, tanto mais firmemente nele descansará e mais abundantemente de sua eternidade fruirá. Com efeito, não chamamos, de maneira nenhuma, o pequeno e imaturo rebento de uma árvore de estéril, ainda que passe por alguns verões sem frutos até que no tempo oportuno manifeste a sua fecundidade. Por que então o autor da alma não é louvado com a devida piedade que atribuiu a ela um tal começo, de modo que, se esforçando e progredindo, chegue ao fruto da sabedoria e da justiça? E Ele também deve ser louvado por ter atribuído à alma uma tal dignidade que deixou seu poder a capacidade de tender à felicidade, caso queira.

Capítulo 23
É INJUSTA A QUEIXA DOS IGNORANTES ACERCA
DA MORTE DOS PEQUENOS E DA DOR
QUE OS AFLIGE – O QUE É A DOR

A morte e a tortura dos pequenos são censuradas

23.66 Contra esses argumentos, homens ignorantes costumam fazer objeções caluniosas a respeito da morte das crianças pequenas e dos sofrimentos corporais com os quais vemos frequentemente elas serem afligidas. Eles dizem: que necessidade havia que nascesse esta criança que, antes de alcançar algum mérito nesta vida, já sai dela? E como ela será considerada no juízo futuro, se o seu lugar não é nem entre os justos, pois não agiu retamente, nem entre os maus, pois nunca pecou?

A eles respondemos: não é possível que nenhum homem seja criado superfluamente na perspectiva do conjunto do universo e da conexão absolutamente ordenada entre as criaturas de todos os lugares e tempos, na qual nem mesmo uma folha de uma árvore é supérflua. Mas é certamente supérfluo investigar os méritos de alguém que nada mereceu. Não se deve temer que não possa existir uma vida intermediária entre a ação correta e o pecado nem que a sentença do juiz não possa estar entre a recompensa e o castigo.

Deve-se batizar os pequenos

23.67 Neste ponto, os homens também costumam a investigar em que seria útil a essas crianças o sacramento do batismo de Cristo, já que, tendo-o recebido, muitas morrem antes que possam entender algo a seu respeito. A esse respeito, acredita-se piedosa e corretamente que o que é útil à criança pequena é a fé daqueles que a ofereceram para serem consagradas. E é isso que recomenda a autoridade muito salutar da Igreja. A partir daí, que cada um perceba o quanto sua fé lhe é útil, já que ela pode até mesmo comunicar benefícios a outros que ainda não têm a sua própria. Com efeito, em que a fé do filho da viúva lhe beneficiou já que, estando morto, certamente não mais a tinha? Mas a fé de sua mãe lhe foi tão útil que ele ressuscitou (Lc 7,11). E, se assim foi, quanto mais a fé de uma outra pessoa não poderá socorrer uma criança pequena, a quem não se pode imputar a falta de fé?

Os mais velhos são punidos pelos tormentos deles

23.68 A respeito dos sofrimentos corporais com os quais são afligidas as crianças pequenas que, pela idade, nenhum pecado cometeram (caso as almas que lhes dão vida não tenham começado a existir antes que fossem seres humanos), costuma-se a erguer um lamento maior, como que inspirado pela compaixão. Alguns dizem: "que mal fizeram para sofrerem estas coisas?" Como se a inocência pudesse ser um mérito antes que alguém pudesse cometer o mal. Mas, se Deus alcança algum bem na correção dos mais velhos quando são flagelados pela dor e a morte das crianças pequenas que lhes são caras, por que Ele não faria isso? Uma vez que essas coisas tenham passado, tudo será como se elas não tivessem acontecido com eles para os quais elas aconteceram. E, no que diz respeito aos adultos em vista dos quais elas aconteceram, ou se tornarão melhores, se, corrigidos pelas adversidades temporais, escolherem viver mais retamente ou não terão desculpa na punição do juízo futuro, caso não queiram converter as angústias desta vida em desejo pela vida eterna.

Mas quanto a essas crianças, cujos sofrimentos abalaram a dureza do coração dos mais velhos, fizeram-nos exercer sua fé e provar sua compaixão: quem saberá que recompensa Deus reserva a esses pequenos no segredo de seu juízo? Pois, ainda que não tenham agido retamente, também foi sem pecar que sofreram. Não é em vão que a Igreja venera aquelas criancinhas que foram mortas por Herodes quando procurava matar Nosso Senhor Jesus Cristo e as recebe com honra entre os mártires.

O fato de também os animais serem atormentados...

23.69 Ainda que esses caluniadores não examinem tais questões com empenho, como que muito eloquentes emissores de ar, eles tentam abalar a fé dos menos instruídos com as dores e os trabalhos dos animais, dizendo: "que mal fizeram os animais para merecerem sofrer tamanhos tormentos? E que bem esperam por terem passado por tantos tormentos?" Os que falam e percebem as coisas desse modo consideram-nas bastante equivocada. Incapazes de reconhecer o que e quão grande é o sumo Bem, querem que tudo seja tal como eles pensam que ele é. Pois não conseguem conceber que ele esteja para além dos sumos corpos, os celestes, que estão menos sujeitos à corrupção. E exigem, de modo absolutamente fora de ordem, que os corpos dos animais não sofram morte nem corrupção, como se não fossem mortais, ainda que sejam as mais ínfimas das criaturas. Ou então pensam que eles são maus, já que os corpos celestes são melhores.

Entretanto, a dor que os animais sentem manifesta uma certa força na alma deles, admirável e digna de louvor em seu gênero. Por meio disso, se manifesta o quanto essas almas, ao regerem e vivificarem os corpos, aspiram à unidade. Com efeito, o que é a dor a não ser uma sensação de divisão e uma intolerância à corrupção? Nisto se manifesta, de um modo mais claro que a luz, o quanto a alma é ávida e tenaz em sua busca pela unidade de todo o corpo. Pois ela não confronta o sofrimento de seu corpo, que atenta contra a sua unidade e integridade, de bom grado ou indiferentemente, mas com resistência e relutância, recebendo-o com pesar. Com efeito, não se manifestaria quão grande é o desejo por unidade nas criaturas inferiores, os animais, se não fosse a sua dor. E, se não se manifestasse, estaríamos menos advertidos que o devido a respeito de como todas as coisas foram constituídas pela suma, sublime e inefável unidade do Criador.

É função da natureza

23.70 Se você prestar atenção, com piedade e diligência, toda espécie de criatura e movimento que cai sob a consideração da alma humana fala à nossa instrução. Esses diversos movimentos e disposições, como que uma variedade de línguas, clamam em um tom de reprovação, por todas as partes, que devemos conhecer o Criador. Não há nada entre as criaturas que não sentem a dor ou o prazer que não alcance o esplendor próprio de seu gênero ou, ao menos, algum tipo de estabilidade segundo a sua natureza, por meio da unidade. Da mesma forma, não há nenhuma criatura entre as que sentem a moléstia da dor ou a satisfação do prazer que, por isso mesmo, por fugirem da dor e buscarem o prazer, não manifestem que fogem da desagregação e busquem a unidade. E nas próprias almas racionais, a busca por conhecimento, na qual sua natureza se alegra, leva tudo aquilo que percebe à unidade. E no erro, não foge de nada mais que de ser confundido por uma ambiguidade incompreensível. Mas, de onde vem que tudo o que é ambíguo nos é molesto, a não ser por que não possui uma unidade definida?

Daí se segue que todas as coisas, seja quando causam dano ou quando o sofrem, seja quando causam deleite ou quando se deleitam, insinuam e proclamam a unidade do Criador. Mas, se a ignorância e a dificuldade, necessárias no começo desta vida, não são naturais às almas, resta que ou foram recebidas como um dever ou impostas como castigo. Mas, sobre essas coisas, considero que a discussão já foi suficiente.

Capítulo 24
Deus não criou insensato o primeiro homem, mas capaz da sabedoria − o que é a estultícia

Se existe um espaço intermediário entre a estupidez e a sabedoria.

24.71 Por isso, é melhor investigar como o primeiro homem foi feito que especular sobre como sua descendência se propagou. Muito agudamente parecem propor a questão os que dizem: "se o primeiro homem foi feito sábio, como foi seduzido? E se foi feito estulto, como não seria Deus o autor dos vícios, já que a estultícia é o maior deles?" Como se a natureza não admitisse um estado intermediário entre a estultícia e a sabedoria, que não pode ser chamado de *estultícia* nem de *sabedoria*! Pois o homem começa a ser estulto ou sábio, podendo ser chamado por um desses nomes, quando já é capaz de ter a sabedoria, caso não tenha sido negligente. E assim, sua vontade se torna responsável pelo vício da estultícia. Ninguém é tão tolo que chame uma criança de estulta, ainda que seja mais absurdo se quiser chamá-la de sábia. Com efeito, não se pode dizer que a criança seja nem estulta nem sábia, ainda que seja um ser humano, de onde se torna evidente que a natureza humana admite um certo estado intermediário, que nem pode corretamente ser chamada de estultícia nem de sabedoria.

Se alguém tem uma alma que se encontra no mesmo estado de uma outra que carece de sabedoria por negligência, ainda assim, ninguém que percebe que ele se encontra nesse estado por natureza, não por vício, poderia corretamente chamá-lo de estulto. A estultícia é ignorância a respeito das coisas a serem buscadas e evitadas, não uma ignorância qualquer, mas aquela causada pelo vício. Por isso, não dizemos que um animal irracional é estulto, já que não recebeu a capacidade de ser sábio. No entanto, muitas vezes falamos não de modo próprio, mas por similitude. Assim, a cegueira é o maior dos vícios para os olhos, mas não é um defeito para os cachorrinhos recém-nascidos e, portanto, eles não podem ser propriamente chamados de cegos.

O primeiro ser humano foi capaz de intenção

24.72 Deste modo, o homem foi feito de tal maneira que, mesmo que não fosse ainda sábio, tinha, entretanto a capacidade de receber um preceito, ao qual devia obedecer. Por isso, não é admirável que pudesse ser seduzido, nem é injusto que tenha recebido o castigo por não ter obedecido a este preceito. É também por isso que o seu Criador não é o autor de seus vícios, pois não ter a sabedoria não era um vício para o homem, já que ainda não tinha recebido a capacidade de possuí-la.

Entretanto, ele tinha algo por meio do qual, se quisesse usá-lo bem, poderia ascender ao que não tinha. Com efeito, uma coisa é ser racional e outra, sábio. A razão faz qualquer um capaz de um preceito, ao qual deve fidelidade, de modo que faça o que é prescrito. E, tal como a natureza da razão compreende o preceito, a observância do preceito leva à sabedoria. O que a natureza é para a compreensão do preceito, a vontade é para sua observância. E, tal como é um mérito para a natureza racional que ela receba o preceito, a sua observância do preceito torna-se mérito para que se receba a sabedoria.

Mas, quando o homem se torna capaz do preceito, também começa a poder pecar. Antes que se faça sábio, de duas maneiras ele peca: se não se sujeita a receber o preceito ou se, o recebendo, não o observa. E o sábio peca se afasta-se da sabedoria. Mas, assim como o preceito não vem daquele o recebe, mas daquele que o prescreve, a sabedoria não vem daquele que é iluminado, mas daquele que ilumina. Como então o Criador do homem não deve ser louvado? Pois o homem é de algum modo bom e superior ao animal por ser capaz do preceito. Mas é melhor quando o aceita e melhor ainda quando o obedece. E é melhor que em todos esses casos quando é feliz pela eterna luz da sabedoria. Mas o pecado é o mal da negligência, seja em aceitar o preceito, seja em observá-lo, seja em guardar a contemplação da sabedoria.

A partir disso se pode compreender como o primeiro homem, mesmo que tenha sido feito sábio, pôde ser seduzido. Como o pecado estava no livre-arbítrio, foi justo o castigo que se seguiu pela lei divina. Pois falou o apóstolo Paulo: "dizendo-se sábios, foram feitos estultos" (Rm 1,22). A soberba se afasta da sabedoria e a estultícia segue-se a essa aversão. A estultícia, em verdade, é uma certa cegueira, como diz o mesmo apóstolo: "e obscurecido, tornou-se néscio o seu coração" (Rm 1,21). Mas de onde vem esse obscurecimento a não ser do afastamento da luz da sabedoria? E de onde vem esse afastamento senão do desejo do homem, cujo bem é Deus, de se tornar, ele mesmo, o seu próprio bem, tal como Deus é o bem para si mesmo? Por isso, foi dito: "minha alma está perturbada para mim" (Sl 41,7) e "comam e serão como deuses" (Gn 3,5).

O primeiro ser humano não foi nem estúpido nem sábio

24.73 Os que consideram essas coisas, se perturbam porque as investigam assim: foi por estultícia que o homem se afastou de Deus ou foi ao se afastar que se tornou estulto? Se você responde que ele se afastou da sabedoria por estultícia, parece que ele já era estulto antes de se afastar dela, já que a estultícia foi a causa do afastamento. E, se você responde que ele se tornou estulto ao se afastar, seria possível perguntar se ele agiu estulta ou sabiamente ao se afastar. Se agiu com sabedoria, agiu corretamente e em nada pecou. Mas, se estultamente, alguém diria, então já havia nele estultícia, pela qual aconteceu que se afastasse. Pois não poderia fazer nada estultamente sem estultícia.

É assim que se manifesta que existe um certo meio termo pelo qual se passa da sabedoria para a estultícia, no qual não se pode dizer nem que se agiu estultamente nem sabiamente. Mas os homens, enquanto estão estabelecidos nesta vida, não compreendem esse estado a não ser a partir dos contrários. Pois nenhum mortal se faz sábio a não ser passando da estultícia para a sabedoria. E esta passagem, se é feita estultamente, não é, com certeza, bem-feita (o que seria a coisa mais insensata de se dizer). Mas, se ela se faz sabiamente, então já havia sabedoria no homem antes que ele passasse para a sabedoria, o que não é menos absurdo. Daí se pode compreender que existe um estado intermediário, que se pode dizer que é neutro. Assim, quando o primeiro homem passou da cidadela da sabedoria para a estultícia, essa passagem nem foi estulta nem sábia. Tal como no sono e na vigília, cair no sono não é a mesma coisa que dormir, nem estar acordado é a mesma coisa que acordar, mas uma passagem de um estado para o outro. Entretanto, nisto diferem: esta passagem muitas vezes acontece involuntariamente, enquanto aquela não acontece a não ser pela vontade, de onde se segue que as retribuições são absolutamente justas.

Capítulo 25
O que move a criatura racional a mudar sua intenção para o mal

Escolheu entre o pecado e a sugestão

25.74 Mas, não se alicia à vontade para que ela faça uma coisa qualquer a não ser por meio da vista. E, ainda que aceitar ou rejeitar algo esteja em nosso poder, o que toca nossa visão não está. Por isso, deve-se admitir que a alma é tocada pela visão de coisas superiores e inferiores. Como substância racional aceita, de cada um desses tipos de coisas, o que ela quer, será do mérito dessa escolha que se seguirá sua infelicidade ou felicidade. No paraíso era visto, entre as coisas superiores, o preceito de Deus e, entre as inferiores, a sugestão da serpente. Nem o que foi prescrito pelo Senhor nem o que foi sugerido pela serpente estava no poder do homem. Mas o quão livre ele estava para resistir todo vínculo da dificuldade, já que havia sido criado na própria sanidade da sabedoria, de modo que não cedesse à vista das seduções inferiores, isso pode ser compreendido pelo fato de que também os estultos superam tais coisas para passar para a sabedoria, ainda que seja molesto renunciar à doçura envenenada de seus hábitos perniciosos.

O diabo escolhe pela intenção do espírito

25.75 Podemos perguntar aqui: se ao homem foi oferecida a visão de ambos os lados, do preceito de Deus e da sugestão da serpente, de onde foi sugerido ao próprio diabo a intenção de desejar a impiedade que o precipitou dos assentos sublimes? Com efeito, se não fosse tocado por nenhuma visão, não escolheria fazer o que fez. Pois, se nada lhe viesse à mente, de nenhuma maneira teria voltado sua intenção para o que é ímpio. Assim, de onde lhe veio à mente, seja o que for que lhe veio à mente, que tramasse essas coisas pelas quais de bom anjo se tornou o diabo?

Aquele que quer, certamente quer alguma coisa. E ele não poderia querer a não ser o que lhe fosse exortado extrinsecamente, pelos sentidos do corpo, ou de uma maneira oculta lhe chegasse à mente. Deve-se distinguir, então, dois gêneros de impressões: a que surge da vontade de alguém que quer persuadir, tal como a sugestão do diabo à qual, o homem, consentido, pecou; e a que vem das coisas que chegam à intenção da alma ou aos sentidos do corpo. Com exceção da imutabilidade da Trindade, que, na verdade, não vem à mente, mas antes a ultrapassa, vem à intenção da alma, primeiro, a própria alma, de onde percebemos que vivemos. Depois, o corpo que ela governa e do qual ela move, quando necessário para o que quer que ela faça, o membro que é preciso. E chegam aos sentidos corporais os corpos, quaisquer que sejam eles.

O castigo humano pode ser corrigido em Cristo...

25.76 Na contemplação da suma sabedoria, que certamente não é a alma, mas o que é imutável, a alma também olha para si mesma, mutável, e, de algum modo, entra em si mesma. Mas isso não acontece a não ser pela diferença pela qual ela não é Deus e, no entanto, é algo que, depois de Deus, também pode agradar. Contudo, é melhor quando ela se esquece de si mesma por causa do amor pela imutabilidade de Deus ou despreza completamente a si mesma quando se compara com Ele.

Se, no entanto, ela vem ao próprio encontro e agrada a si mesma imitando perversamente a Deus, querendo fruir do próprio poder, tanto menor se faz quando maior deseja ser. Isto é: "o início de todo pecado é a soberba" (Eclo 10,13). E "o início da soberba humana é afastar-se de Deus" (Eclo 10,14). À soberba, o diabo acrescentou a mais malevolente inveja e, por isso, persuadiu o homem à esta mesma soberba, pela qual percebia estar condenado. Mas aconteceu que o castigo que o homem recebeu foi feito para corrigi-lo e não para matá-lo. Assim, se o diabo se apresentou para que se imitasse a sua soberba, o Senhor se apresentou para a imitação de sua humildade. E, por meio dele, foi-nos prometida a vida eterna. Isso para que pudéssemos, já que fomos resgatados pelo sangue de Cristo após trabalhos e misérias inefáveis, nos unir com tanta caridade ao nosso Libertador e por ele ser arrebatados em tamanha claridade, que nenhuma das coisas inferiores que vemos conseguiria mais nos afastar da contemplação do que é superior. E, ainda que algo fosse sugerido à nossa intenção pelo apetite das coisas inferiores, a condenação do diabo e seus tormentos eternos nos chamaria de volta para cima.

... para poder retornar à pátria

25.77 Tamanha é a beleza da justiça, tamanho o encanto da luz eterna, isto é, da verdade e da sabedoria imutável, que, ainda que não nos fosse lícito permanecer junto a ela a não ser pelo tempo de um dia, seria correto e adequado, para alcançá-la, desprezarmos inumeráveis anos desta vida, plenos de delícias e abundantes de bens temporais. Pois não foi com um afeto falso nem pequeno que foi dito: "por que é melhor um dia em seu átrio que mil fora dele" (Sl 83,11). Mas se poderia compreender isso a partir de um outro sentido, entendendo por *mil dias* a mutabilidade dos tempos e por *um só dia*, imutabilidade da eternidade.

Não sei se, enquanto respondia às suas interrogações, na medida em que o Senhor se dignou em me conceder respondê--las, acabei por omitir algo. Mas, ainda que algo lhe ocorra, a extensão deste livro nos compele a lhe por um fim e descansar desta discussão.

Confira outros títulos da coleção em

livrariavozes.com.br/colecoes/pensamento-humano

ou pelo Qr Code

Conecte-se conosco:

f facebook.com/editoravozes

⌾ @editoravozes

𝕏 @editora_vozes

▶ youtube.com/editoravozes

☏ +55 24 2233-9033

www.vozes.com.br

Conheça nossas lojas:

www.livrariavozes.com.br

Belo Horizonte – Brasília – Campinas – Cuiabá – Curitiba
Fortaleza – Juiz de Fora – Petrópolis – Recife – São Paulo

  Vozes de Bolso

EDITORA VOZES LTDA.
Rua Frei Luís, 100 – Centro – Cep 25689-900 – Petrópolis, RJ
Tel.: (24) 2233-9000 – E-mail: vendas@vozes.com.br